Astrid Ebner-Zarl

Trading Books

Internationale Buchmärkte
und Buchmessen im Überblick

Die dem Buch zugrundeliegenden Forschungsprojekte „Trading Cultures. Eine Ethnographie von Handelsmessen für TV, Musik und Bücher" (P 27426-G22) und „Inside Trading Cultures. Eine BürgerInnen-Ethnographie der Frankfurter Buchmesse" (TCS 16) wurden mit der finanziellen Unterstützung des Wissenschaftsfonds FWF durchgeführt.

© Titelbild: 06photo – stock.adobe.com

Die Deutsche Nationalbibliothek verzeichnet diese Publikation in der Deutschen Nationalbibliografie; detaillierte bibliografische Daten sind im Internet über http://dnb.d-nb.de abrufbar.

ISBN 978-3-8487-6922-3 (Print)
ISBN 978-3-7489-1013-8 (ePDF)

Onlineversion
Nomos eLibrary

Inhaltsverzeichnis

Tabellen- und Abbildungsverzeichnis   7

Einleitung   9

1 Bücher und die Verlagswirtschaft   13

1.1 Zur Geschichte der Buchwirtschaft   13

1.2 Verlage als zentrale Akteure der Buchbranche   15
    1.2.1 Verlagstypen   16
    1.2.2 Verbreitung von Buchverlagen   19
    1.2.3 Größe von Verlagsunternehmen   20
    1.2.4 Aufbau von Verlagen: Abteilungen, Funktionen und Rollen   30

1.3 Relevante AkteurInnen der Buchwirtschaft außerhalb des Verlags   37

1.4 Die Wertschöpfungskette in der Verlagswirtschaft – und ihre Veränderung im Zuge von Digitalisierung   39
    1.4.1 Die Wertschöpfungskette im Überblick   40
    1.4.2 Digitalisierung der Buchwertschöpfungskette   42

1.5 Erlösmodelle in der Buchbranche   45

1.6 Institutionen der Verlagswirtschaft: Bestsellerlisten, Buchpreisbindung, Branchenverbände   47

2 Der Buchmarkt auf internationaler Ebene   58

2.1 Marktanteile und Entwicklung nationaler Buchmärkte im Vergleich   60

2.2 Die internationalen Player der Buchwirtschaft   65

2.3 Auswirkungen der digitalen Transformation auf den Buchmarkt   69

2.4 Das Ungleichgewicht von Titelproduktion und Verweildauer auf dem Markt   72

2.5 Globale Ströme von Büchern   73
    2.5.1 Buchexporte   76

2.5.2 Handel mit Rechten und Lizenzen   77

2.5.3 Übersetzungen   78

     2.5.3.1 Die englische Sprache als Gatekeeperin in der globalen Diffusion von Literatur   79

     2.5.3.2 Die Lage der Übersetzungen im exemplarischen Ländervergleich   81

     2.5.3.3 Motoren für die globale Dissemination von Buchcontent   87

     2.5.3.4 Interkulturelle Unterschiede als Hindernis für die globale Verbreitung von Buchcontent   92

2.5.4 Ausblick: Die globale Diffusion von Texten und die Macht der englischen Sprache – beides geringer als gedacht?   93

3 Die Rolle von internationalen Buchmessen in der Buchbranche   96

3.1 Zur Geschichte von Buchmessen   96

3.2 Buchmessen weltweit   99

3.3 Funktionen von Buchmessen   102

3.3.1 Unterschiedliche Messetypen: Fachmessen, Publikumsmessen, Mischformen   103

3.3.2 Wozu dienen Buchmessen?   104

     3.3.2.1 Networking für den Rechte- und Lizenzhandel, auch im Rahmen der Unterhaltung   105

     3.3.2.2 Imagepflege   111

     3.3.2.3 Information   114

3.3.3 Eine Fülle von Welten an einem Ort   114

     3.3.3.1 Die Welten der Buchbranche   115

     3.3.3.2 Branchenexterne Welten auf Buchmessen   119

     3.3.3.3 Identität in Vielfalt?   121

4 Ausblick: Buchwirtschaft in Zeiten der Coronakrise   123

Literaturverzeichnis   133

Tabellen- und Abbildungsverzeichnis

Tabelle 1:   Deutschlands größte Buchverlage 2017 auf Basis
ihres Umsatzes, eig. Darstellung, Zahlen aus
Buchreport (2018a)   23

Tabelle 2:   Deutschlands größte Belletristik- und
Sachbuchverlage 2017 auf Basis ihres Umsatzes, eig.
Darstellung, Zahlen aus Buchreport (2018b)   24

Tabelle 3:   Deutschlands erfolgreichste Verlage 2017 auf Basis
ihrer Präsenz in Bestsellerlisten, eig. Darstellung,
Daten aus Buchreport (Buchreport 2018c, d, e)   25

Tabelle 4:   Der Gesamtumsatz von vier ausgewählten
österreichischen Medienkonzernen 2017. Eigene
Darstellung basierend auf Fidler (ebd.).   28

Tabelle 5:   Die umsatzstärksten Verlage in Österreich (Quelle:
Media Control im Auftrag des HVB, Stand:
31.12.2017)   29

Abbildung 1: Wertschöpfungskette (eigene Darstellung basierend
auf Prostka et al. (2011: 719), Wirtz (2016: 286) und
Erkenntnissen aus den Projekten)   40

Tabelle 6:   Die 20 größten Buchmärkte weltweit auf Basis des
Marktwerts in Millionen € zu
VerbraucherInnenpreisen, Tabelle nach Wischenbart
et al. (ebd.: 10) - zu den methodischen
Hintergrundarbeiten je Land (z.B. Umrechnung von
Umsatzdaten auf Marktwert) siehe dort   60

Tabelle 7:   Die 20 größten Buchmärkte weltweit auf Basis des
               Marktwerts pro Kopf, Tabelle nach Wischenbart et
               al. (ebd.: 15), zu den methodischen
               Hintergrundarbeiten je Land (z.B. Umrechnung von
               Umsatzdaten auf Marktwert) siehe dort   62

Tabelle 8:   Die 15 umsatzstärksten Verlagsgruppen weltweit,
               Ranking von Livres Hebdo für 2016 mit
               Umsatzzahlen von 2015 (Piault/Wischenbart 2016: 5,
               7)   67

Tabelle 9:   Der „Domestic Share" unter Bestsellern im
               Ländervergleich (eigene Darstellung anhand der in
               der Tabelle genannten Quellen)   74

Tabelle 10:   Die wichtigsten Fachmessen in der
               Mitgliederbefragung der IPA 2016 (ebd.)   99

Einleitung

„Books are different", so lautet ein vielzitierter Urteilsspruch des britischen Kartellgerichts aus dem Jahr 1962 zur Rechtmäßigkeit der Buchpreisbindung (Rautenberg/Wetzel 2001: 63f.; Lucius 2007: 17). Aber auch abgesehen von dieser unterscheidet sich die Buchbranche in verschiedenen Hinsichten von anderen Medienbranchen. Ein zentraler Hintergrund der vorliegenden Publikation über Buchmärkte und Buchmessen ist das Forschungsprojekt „Trading Cultures. Eine Ethnographie von Handelsmessen für TV, Musik und Bücher"[1] sowie sein Spin-Off „Inside Trading Cultures"[2], eine ethnographische Beforschung der Frankfurter Buchmesse gemeinsam mit Citizen Scientists. Bei den Literaturarbeiten zu beiden Projekten zeigte sich, dass zur Buchbranche in weit weniger großem Ausmaß als etwa zum Musik- oder Fernsehmarkt aktuelle Zahlen, Daten und Fakten verfügbar sind. Es gibt eine überschaubare Zahl von Grundlagenwerken, die sich mit dem allgemeinen Aufbau des Buchmarktes beschäftigen, teils auch eingebettet in eine größere Einführung in die Grundlagen des Mediensystems als Ganzes. Systematische Informationen zu Buchmärkten im internationalen Vergleich und zu den globalen Strömen von Buchcontent sind jedoch so rar, dass von einer Lücke gesprochen werden kann. Auch aktuelle Trends in der Buchbranche, die aus der Digitalisierung erwachsen, wurden bis dato nur fragmentarisch aufgearbeitet. Zu Buchmessen, den zentralen Kreuzungspunkten der Branche, gibt es wenige Einzelwerke. Generell macht die Quellenlage zum Thema einen eher verstreuten Eindruck.

Ziel dieser Monografie ist es die verstreuten Einzelergebnisse aus der Literatur, aus Branchenquellen und – soweit vorhanden – aus Branchenerhebungen zusammenzuführen, mit den vorhandenen Grundlagen zum allgemeinen Aufbau der Buchbranche zu verbinden, und einen systematischen Überblick über Buchmärkte und Buchmessen, auch aus internationaler

---

1 FWF-Einzelprojekt, durchgeführt an der FH St. Pölten, Laufzeit: 01.03.2015 – 31.12.2019, Leitung: Andreas Gebesmair, ProjektmitarbeiterInnen: Astrid Ebner-Zarl, Christoph Musik.

2 FWF-Top Citizen Science, durchgeführt an der FH St. Pölten, Laufzeit: 01.11.2016 – 30.04.2018, Leitung: Andreas Gebesmair, ProjektmitarbeiterInnen: Astrid Ebner-Zarl, Christoph Musik.

Perspektive, zu schaffen. Die vorliegende Publikation kann dazu auch mit eigenen empirischen Erhebungen viele neue Einblicke beitragen.

Im Zuge der eingangs erwähnten Projekte wurde ethnographische Feldforschung auf Buchmessen durchgeführt. Es gab dazu zwei Feldforschungsaufenthalte (2016 und 2017) auf der Frankfurter Buchmesse, der größten Buchmesse weltweit, sowie einen Feldforschungsaufenthalt (2016) auf der Bologna Children's Book Fair, der bedeutendsten Kinderbuchmesse. Mittels teilnehmender Beobachtung wurde dabei versucht mehr über Rolle, Inhalte und Funktionsweise wichtiger Handelsmessen im Buchbereich herauszufinden und generell eine Innensicht auf das Geschehen in der Buchbranche zu erhalten. Der ethnographischen Herangehensweise entsprechend wurden detaillierte Feldnotizen angefertigt, um aus dem Inneren der Messe heraus zu einer „dichten Beschreibung" (Geertz 2003) der Abläufe dort zu gelangen, sowie auch an Informationen, die in Literatur und Branchenselbstdarstellungen so nicht verfügbar sind. Soweit es möglich war – nicht in alle Details der Buchgeschäfte auf den Messen gewähren die AkteurInnen Einblick –, wurde versucht dem Prinzip „follow the actor" (Latour 2005) entsprechend PraktikerInnen aus der Branche zu begleiten und direkt auf der Messe ins Gespräch zu kommen. Darüber hinaus wurden außerhalb der Messezeiten Interviews mit PraktikerInnen geführt. Diese stammen z.B. aus Verlagen, Agenturen oder Brancheninstitutionen. Informationen aus persönlichen Gesprächen fließen anonymisiert in die Kapitel ein; wo Namen genannt werden, sprachen PraktikerInnen öffentlich bei Messeveranstaltungen, etwa bei Diskussionen auf dem Podium.

Die vorliegende Publikation verbindet durch dieses Vorgehen die Grundlagen der Buchverlagswirtschaft mit in detaillierter Recherche zusammengetragenen Zahlen, Daten und Fakten zur Branche und fügt neue empirische Erkenntnisse hinzu.

Zielgruppe des Buches sind alle Personen, die sich einen Überblick über Buchmärkte und Buchmessen, ihre wichtigsten Player, Strukturen und Abläufe, auch aus internationaler Perspektive, verschaffen möchten. Damit richtet sich das Buch auch an Studierende, die sich mit der Branche vertraut machen wollen.

Folgendermaßen ist das Buch aufgebaut:

Großkapitel 1 setzt sich zunächst mit den Grundlagen der Buchverlagswirtschaft auseinander. Nach einem kurzen Abriss über ihre historische Entwicklung werden Verlage als die zentralen AkteurInnen der Buchbranche näher beschrieben – verschiedene Verlagstypen, ihre Verbreitung, die Größe von Verlagen (von Konzernstrukturen bis zum Kleinverlag) wie auch der innere Aufbau von Verlagsunternehmen. Der regionale Fokus des ersten Kapitels liegt dabei auf dem deutschsprachigen Raum, auf Österreich, Deutschland und der Schweiz. Im weiteren Verlauf werden relevante AkteurInnen der Branche außerhalb der Verlage in den Blick genommen, insbesondere der Zwischenbuchhandel – ein ebenfalls deutschsprachiges Spezifikum, das in anderen Ländern so nicht existiert. Das Ineinandergreifen von AkteurInnen innerhalb und außerhalb des Verlages führt zur Wertschöpfungskette im Buchbereich, für die Digitalisierung sowohl Herausforderungen als auch neue Chancen eröffnet. Nach der Beschreibung typischer Erlösmodelle schließt Großkapitel 1 mit einem Blick auf relevante Rahmeninstitutionen der Buchwirtschaft: Bestsellerlisten, Buchpreisbindung und Branchenverbände.

Großkapitel 2 erweitert die Perspektive vom deutschsprachigen auf den internationalen Buchmarkt. Zunächst werden die Stärke des Buchmarktes als Ganzes wie auch unterschiedlicher nationaler Buchmärkte im Vergleich anhand von Marktanteilen und Umsatzzahlen abgesteckt. Dabei werden auch wichtige Hintergrundentwicklungen der jüngeren Vergangenheit beschrieben, vor allem der rasante Aufstieg von Chinas Buchmarkt infolge einer stark gewachsenen Mittelschicht. Danach wird ein Blick auf die internationale Verlagslandschaft, besonders auf die großen Player und die dahinterstehenden Konzentrationstendenzen, geworfen. Als wesentliche Trends, mit denen sich Buchverlage weltweit auseinandersetzen (müssen), werden Herausforderungen und Potentiale infolge der digitalen Transformation angesprochen, aber auch das Dilemma der steigenden Titelproduktion bei immer kürzerer Verweildauer neuer Titel auf dem Markt. Ein Schwerpunkt von Großkapitel 2 liegt auf den globalen Strömen von Büchern: Durch Buchexporte, vor allem aber durch den Handel mit Rechten und Lizenzen gelangt Buchcontent vom Land seiner Entstehung in andere Länder, wofür Übersetzung eine unabdingbare Grundlage ist. In weiterer Folge liegt der Fokus des Kapitels auf Übersetzung, auf der Lage von ÜbersetzerInnen im Ländervergleich und besonders auf Dynamiken, die Übersetzung und infolgedessen die internationale Verbreitung von Buchcontent begünstigen oder behindern.

Im Zentrum von Großkapitel 3 stehen internationale Buchmessen und ihre Rolle für die Buchbranche. Einem geschichtlichen Abriss zur Entstehung von Buchmessen folgt ein Überblick über die Buchmesselandschaft weltweit – von langjährig stattfindenden bis hin zu neueren Messen, die erst in jüngerer Vergangenheit gegründet wurden, wobei der Schwerpunkt auf den international besonders bedeutsamen Messen wie Frankfurter Buchmesse, London Book Fair oder Bologna Children's Book Fair liegt.

Nach einer Differenzierung von grundlegenden Messetypen – Fachmessen, Publikumsmessen und Hybride – werden die wesentlichsten Funktionen von Fachmessen sowie von Hybriden mit Fachmesseteilen beschrieben: Vernetzung, Rechte- und Lizenzhandel, Unterhaltung, Imagepflege und Information. Abschließend wird die Fülle von Welten, die branchenintern wie -extern auf Buchmessen aufeinandertreffen, ausgeführt – verbunden mit der Frage, inwieweit eine gemeinsame Branchenidentität im Zuge dieser Vielfalt möglich und erkennbar ist.

Ein abschließendes Kapitel tätigt einen Ausblick auf die weitere Entwicklung der Buchbranche. Aus aktuellem Anlass zum Zeitpunkt der Fertigstellung dieser Publikation[3] ist der Einfluss der Coronakrise auf die ökonomische Situation der Buchbranche und auf die Durchführbarkeit von Buchmessen darin ein großes Thema. Die weltweiten wirtschaftlichen Einbrüche treffen auch Buchverlage, Buchhandlungen und die diversen Berufsgruppen der Buchindustrie, etwa AutorInnen, IllustratorInnen und ÜbersetzerInnen, die oft freiberuflich tätig sind. Verschärfend kommt hinzu, dass die Buchwirtschaft auch vor der Coronakrise bereits eine Branche in Bedrängnis war und sich gerade erst in jüngster Vergangenheit leichte Erholungstendenzen abgezeichnet hatten. Die durch die Krise bedingte Ausnahmesituation brachte aber auch neue Dynamiken mit sich, sodass etwa lokale Buchhandlungen sich gegenüber dem Marktriesen Amazon profilieren konnten. Für internationale Buchmessen als Massenevents ist die Zukunft von besonderer Ungewissheit geprägt; ihre zumindest teilweise Verlagerung in digitale Räume deutet sich als Lösungsmöglichkeit an. Dabei ist allerdings noch offen, inwieweit ihr zentraler Nutzen – die Kopräsenz von internationalen AkteurInnen und daraus resultierende (informelle, spontane, zufällige) Gesprächsgelegenheiten – auch durch virtuelle Zusammenkünfte gewährleistet werden kann.

---

3 Das Schlusskapitel wurde Ende Mai/Anfang Juni 2020 verfasst.

1 Bücher und die Verlagswirtschaft

1.1 Zur Geschichte der Buchwirtschaft

Zu welchem Zeitpunkt die Geschichte der Buchwirtschaft beginnt, ist kaum konkret festzulegen und teilweise eine Interpretationsfrage. Ihre Wurzeln reichen jedenfalls weit zurück, denn schriftlich festgehaltene und geteilte Information gehört prinzipiell seit Tausenden von Jahren zur menschlichen Kommunikation. Ein Beispiel aus früher Zeit ist die mesopotamische Keilschrift (ca. 3.200 v. Chr.), die in Tontafeln eingraviert wurde; diese galten lange Zeit als die ersten schriftlichen Zeugnisse der Menschheit. Noch ältere Schriftdokumente (ca. 5.300 v. Chr.) wurden aber inzwischen im europäischen Donauraum gefunden (Haarmann 2011: 8f.). Vorläufer des Buches in Form von Buchrollen aus Papyrus sind ab dem 5. Jahrhundert v. Chr. bekannt (Heinold 2009: 14).

Eine wesentliche Zäsur stellte die Einführung des modernen Buchdrucks nach Gutenberg dar, auf dessen Basis sich die Buchverlagswirtschaft und der kommerzielle Buchmarkt vor etwa 560 Jahren zu entwickeln begannen (ebd.: 13). Die frühen Verleger waren so genannte „Duckerverleger", die als ausgebildete Drucker sowohl Druck als auch Verlegen als auch Verkauf in Personalunion übernahmen. Im Laufe der Zeit kam es zu fortschreitender Spezialisierung im Verlagswesen. Der Verkauf von Büchern gelangte weg von den Verlegern in die Hand der „Buchführer", den Vorläufern der Buchhändler, die im Auftrag der Verleger Bücher verbreiteten; auch Druck- und Verlagswesen fanden mehr und mehr in getrennten Unternehmen statt, wobei die Verleger das wirtschaftliche Risiko der Herstellung übernahmen. Laut Heinold (ebd.: 20) dauerte es „mehr als 300 Jahre, bevor Ende des 18. Jahrhunderts die Aufgaben von Drucker, Verleger und Buchhändler in der heute üblichen Weise getrennt waren." Auch der Zwischenbuchhandel entwickelte sich erst um 1800 (ebd.: 16–20). Im Zuge der Aufklärung stieg ab ca. 1770 die Nachfrage nach Büchern sehr rasch, in dieser Zeit kam es zur Entstehung von Fachverlagen, die auf ein Wissensgebiet spezialisiert sind (ebd.: 18).

Bis ins 18. Jahrhundert kamen die Verlage zu ihrem Sortiment, indem sie auf den Buchmessen Bücher tauschten. Jeder Verleger vertrieb also sowohl eigenproduzierte als auch eingekaufte Bücher anderer Verlage und reduzierte dadurch sein Risiko, da er auf diese Weise ein vielfältiges Sortiment anbieten, die Auflage pro Buch aber klein halten konnte (Schön-stedt/Breyer-Mayländer 2010: 22). Ein Nachteil bestand darin, dass Quali-tätskriterien beim Tausch keine Rolle spielten: Getauscht wurde „Druck-bogen gegen Druckbogen" (ebd.), womit das Risiko bestand, Ware guter Qualität herzugeben, aber Ware niedriger Qualität dafür zu erhalten. Viele Verleger nutzten dies auch aus, indem sie bewusst minderwertige Bücher produzierten und in den Tauschhandel brachten. Aus diesem Grund wur-de schließlich der Tausch nicht mehr gegen Ware, sondern gegen Verrech-nungspreise vorgenommen. Der Verrechnungspreis entsprach prinzipiell dem Ladenpreis, den die KundInnen zu zahlen hatten, wobei die Verleger einander für den Tausch Rabatte gewährten (ebd.; Heinold 2009: 17f.). In Geld bezahlt wurde in diesem System aber nur die Wertdifferenz zwischen den getauschten Druckbögen. Vorübergehend etablierte sich gegen den starken Widerstand diverser Verlage der Nettohandel, der auf vollständiger Barzahlung beruhte, keine Rückgabemöglichkeit für nicht verkäufliche Bücher vorsah und die gegenseitig gewährten Rabatte reduzierte. Auf-grund des Protests von Verlegern wurde der Nettohandel Ende des 18. Jahrhunderts zum Konditionenhandel umgestaltet, der in seiner grundle-genden Form heute noch gilt: Dieser sah wieder eine Rückgabemöglich-keit für nicht verkaufte Bücher vor, außerdem wurde ein einheitlicher, wieder höherer Rabatt von einem Drittel des Ordinärpreises festgelegt (Schönstedt/Breyer-Mayländer 2010: 24). Parallel dazu entwickelten sich die meisten Buchverlage zum „reine[n]' Verlag" (ebd.: 25), der Druck und Sortiment nicht mehr beinhaltete, und es entstand erstmals die Unterneh-mensbezeichnung „Verlag" (ebd.). In diesem Prozess der Ausdifferenzie-rung kam es auch zu den ersten Buchhandlungen „in unserem modernen Sinn – ohne angegliederte Druckerei oder Verlag" (ebd.: 24); die tatsäch-lich erste dieser Art soll 1796 vom Hamburger Buchhändler Justus Perthes gegründet worden sein (ebd.).

Die Geschichte des modernen Verlagswesens ist damit, im Gegensatz zu seinen Wurzeln, mit ca. 230 Jahren vergleichsweise kurz (ebd.: 25). Kaum in Erfahrung zu bringen ist, wie die Buchwirtschaft in anderen Ländern außerhalb des deutschsprachigen Raumes entstanden ist; die Quellenlage zu dieser Frage gestaltet sich als äußerst spärlich. Der gegebene historische Überblick ist somit unvermeidlicherweise ein eingeschränkter, weil er sich nur auf den deutschsprachigen Raum beziehen kann. Erklären lässt sich die knappe Quellenlage eventuell auch dadurch, dass Deutschland mit Gu-tenbergs Variante des Buchdrucks und den schon frühzeitig hochrelevan-ten Buchmessen in Frankfurt und Leipzig sozusagen die Wiege des Buch-handels darstellt. Insofern ist die hier beschriebene Entstehungsgeschichte des Buchhandels nicht nur eine deutschsprachige, sondern zum Teil auch eine international gemeinsame. Zu beachten ist gleichzeitig aber auch, dass Gutenberg – folgt man Schönstedt/Breyer-Mayländer (ebd.: 11f.) – weder der Erfinder des Buchdrucks an sich, noch der Erfinder der beweglichen Lettern war, auf denen die nach ihm benannte Druck- und Satztechnik beruht. Sehr wohl aber machte er durch die Kombination der vorhandenen Instrumente (konkret: Presse, Lettern und Gießinstrument) und ihre teilweise Adaptation (wiederverwendbares Handgießinstrument) den Buchdruck ökonomisch effizient, z.B. dadurch, dass mit seiner Technik auch die Rückseite des Papiers bedruckt werden konnte. Verschiedene Formen des Buchdrucks mit und ohne einzelne Lettern gab es aber auch, bis zu Jahrtausende vorher, in anderen Ländern innerhalb und außerhalb Europas (ebd.). Es bleibt also relativ offen, wie groß der Einfluss des Gutenberg-Buchdrucks und der deutschen Buchmessen auf die Entstehung des Buchhandels in anderen Weltregionen tatsächlich war und inwieweit bereits in Anfangszeiten länder- und regionenspezifische Faktoren zum Tragen kamen.

1.2 Verlage als zentrale Akteure der Buchbranche

In der Gegenwart ist die Verlagswirtschaft international durchaus unterschiedlich aufgebaut. So gibt es Länder mit zweistufig und Länder mit dreistufig organisiertem Buchhandel. Die Struktur des deutschsprachigen Buchhandels ist im Gegensatz zu den meisten anderen Ländern von „Dreistufigkeit" (ebd.: 40) gekennzeichnet. Neben dem vertreibenden oder verbreitenden Buchhandel (dem, was im Alltagsverständnis mit Buchhandel assoziiert wird: Buchhandlungen von FilialistInnen bis hin zu kleinen EinzelhändlerInnen) gibt es den herstellenden Buchhandel (die Verlage) sowie den Zwischenbuchhandel. Der überwiegend zweistufig organisierte ausländische Buchhandel kommt ohne Zwischenbuchhandel aus, wobei dieser allerdings laut Schönstedt/Breyer-Mayländer (ebd.) „neidisch vermisst" wird.

Die weiteren Ausführungen dieses Kapitels konzentrieren sich besonders auf die Verlage, da diese im zugrundeliegenden Projekt im Zentrum des Interesses standen, wobei Informationen über verbreitenden Buchhandel und Zwischenbuchhandel immer wieder einfließen, wo Schnittstellen zum herstellenden Buchhandel gegeben sind.

1.2.1 Verlagstypen

Es gibt zahlreiche Verlagstypen – in Verbindung mit einer Fülle unterschiedlicher Definitionen und Einteilungen, etwa nach dem Wirtschaftsprinzip, nach Buchgattungen, nach Zielgruppen (Huber 2012: 18–24) oder nach der Art der Inhaltsbeschaffung (Lucius 2007: 85, 88).

Nach dem *Wirtschaftsprinzip* gibt es zunächst den „eigentlichen" Verlag, wie er von Schönstedt/Breyer-Mayländer (2010: 59) bezeichnet wird. Interessant ist, dass dieser „eigentliche" Verlag (in literaturbezogenen Online-Foren und Blogs sowie in juristischen Ausführungen[4] auch „echter" Verlag genannt) bei der Darstellung von Verlagstypologien in der wissenschaftlichen Literatur keine Rolle spielt, sondern vielmehr die diversen Abweichungen vom „eigentlichen" Verlag thematisiert werden. So gibt es eine Reihe von Verlagsformen, die vom „ursprüngliche[n] Wirtschaftsprinzip des Verlags, nämlich des Vorlegens beim Produzieren und der nachfolgenden Übernahme des Risikos für den Verkauf" (ebd.: 71) abweichen.

Während ein klassischer Verlag also dem Autor/der Autorin gegenüber insofern in Vorleistung geht, als er die finanziellen Aufwände für alle Schritte des Veröffentlichungsprozesses (z.B. Lektorat, Herstellung, Distribution, Marketing) übernimmt, gibt es andere Formen des Verlags, in denen diese finanziellen Aufwände zum Teil oder zur Gänze vom Autor/von der Autorin zu tragen sind. In diese Kategorie fallen die in der Literatur relativ synonym[5] als Druckkosten(zuschuss)-, Herstellkosten-, Selbstkosten- oder Privatverlage (ebd.: 62) bezeichneten Verlagsunternehmen, in kritischen Auseinandersetzungen mit diesem Verlagstyp findet sich immer wieder auch der Begriff des Pseudoverlags (vgl. Börsenblatt 2009). Im Jahr 2009 wurde von AutorInnenverbänden und Literatureinrichtungen in Österreich, Deutschland und der Schweiz, und unterstützt von prominenten SchriftstellerInnen, die Initiative „Fairlag. Aktionsbündnis für faire

---

4 Das von JuristInnen zu „Rechtsfragen der Informationsgesellschaft" betriebene Online-Portal Telemedicus spricht z.B. mit Verweis auf das Verlagsgesetz und den dort beschriebenen Verlagsvertrag vom „echten" Verlag bzw. „echten" Verlagsvertrag, während der Begriff „echt" im Gesetzeswortlaut nicht vorkommt (vgl. Assion 2011; VerlG § 1).

5 Die genannten Verlage werden z.B. bei Schönstedt/Breyer-Mayländer (2010: 62) zwar als gemeinsame Kategorie angeführt, in den Details gibt es partiell aber Bedeutungsnuancen. So sind beim Herstellkostenverlag dem Namen entsprechend nur die Kosten der Herstellung vom Autor/von der Autorin teilweise oder ganz zu übernehmen, während sich der Selbstkostenverlag zusätzlich auch auf die Gemeinkosten bezieht (ebd.).

Verlage" ins Leben gerufen. In ihrem Zentrum steht die Kritik an Pseudoverlagen, „die das Verlagsprinzip umkehren und das unternehmerische Verlagsrisiko einseitig auf die Autoren abwälzen" (Aktionsbündnis für faire Verlage 2018). Ein weiterer häufiger Vorwurf an diese Verlage ist, dass sie auch bzw. vorwiegend Manuskripte äußerst niedriger Qualität verlegen und sich kaum um Marketingaktivitäten für die verlegten Bücher kümmern würden, da ihre Gewinne bereits durch die Zahlungen der AutorInnen gesichert seien (ebd.). Nach Schönstedt/Breyer-Mayländer (2010: 63) beruht das Wirtschaftsprinzip belletristischer Zuschussverlage sogar explizit darauf Literatur zu verlegen, die bei anderen (d.h. klassischen) Verlagen abgelehnt wurde. Im Gegensatz zu klassischen Verlagen, die zahlreiche unaufgefordert eingesandte Manuskripte erhalten, gehen Zuschussverlage aktiv, z.B. über Inserate, auf AutorInnensuche. Alternativ zur direkten Kostenbeteiligung bzw. -übernahme werden AutorInnen auch verpflichtet, eine bestimmte Zahl von Exemplaren selbst abzunehmen (ebd.: 64).

Starke Ähnlichkeiten mit Zuschussverlagen weist auch der Kommissionsverlag bzw. das Verlegen in Kommission auf, dieses ist laut Schönstedt/Breyer-Mayländer (ebd.: 70) aber durchaus übliche und anerkannte Praxis. Beim Kommissionsverlag handelt es sich nicht um einen eigenständigen Verlagstyp, sondern vielmehr um ein Geschäftsmodell, bei dem ein Verlag in erster Linie als Vertriebspartner des Autors/der Autorin fungiert, während Letztere/r für die Herstellung und ihre Finanzierung zuständig ist und alle Rechte am Werk behält (Lucius 2007: 88). Auch beim Kommissionsverlag ist also das klassische Verlagsprinzip umgekehrt, insofern als der Verlag das Werk zwar unter seinem Verlagsnamen herausbringt, das wirtschaftliche Risiko aber dem Autor/der Autorin zuweist. AutorInnen können Privatpersonen, aber auch Institutionen sein – etwa wissenschaftliche Institutionen, denen auf diese Weise ermöglicht wird, inhaltlich relevante aber marktschwache Titel unter einem Verlagsnamen zu publizieren (Huber 2012: 18f.; Lucius 2007: 88f.; Schönstedt/Breyer-Mayländer 2010: 70f.).

Es gibt aber auch klassische Verlage, bei denen aus wirtschaftlichen Gründen ein Abweichen vom Verlagsprinzip des Vorlegens stattfindet: Da wissenschaftliche Publikationen meist spezialisierte Themen behandeln, folglich nur ein kleines Zielpublikum ansprechen und somit weniger Absatz erwarten lassen, ist es üblich, dass AutorInnen bei Wissenschaftsverlagen Zuschüsse leisten müssen (ebd.: 62–64).

Eine weitere Verlagsvariante ist der Selbst- oder Eigenverlag, wobei der Verlagsbegriff genau genommen unkorrekt ist, da hier kein Verlagsunternehmen mehr involviert ist. Stattdessen ist der Autor/die Autorin für die

Finanzierung, den kompletten Produktionsablauf und die Distribution selbst zuständig, er/sie trägt alleine und persönlich das verlegerische Risiko, ihm/ihr fallen aber auch alleine eventuelle Gewinne zu und er/sie behält alle Rechte am publizierten Werk (ebd.: 60–62). Durch die Verbreitung des Internets hat der Selbstverlag in Form des Self-Publishings über Online-Plattformen eine neue Dynamik bekommen. Dementsprechend groß ist inzwischen auch das Angebot für Self-PublisherInnen auf den Buchmessen (siehe Kapitel 3.3.3.1).

Die Gliederung von Verlagen nach *Buchgattungen* und nach *Zielgruppen* überschneidet sich teilweise, wie etwa am Kinder- und Jugendbuch oder am Schulbuch erkennbar ist. Schönstedt/Breyer-Mayländer (ebd.: 4) unterteilen Buchverlage nach „Hauptprodukten" in belletristische Verlage, Fachverlage, Kinder- und Jugendbuchverlage, Ratgeberverlage, Verlage für Hobby-, Freizeit- und Reiseliteratur, Taschenbuchverlage, Schulbuchverlage und Sachbuchverlage, wobei diese Liste weder abschließend noch trennscharf ist.

Ganz ähnlich ist auch die Produktgruppengliederung des Börsenvereins des Deutschen Buchhandels (o.J.a), der dabei zusätzlich u.a. auch Bild- und Kunstbuchverlage, Kalenderverlage und Hörbuchverlage nennt. Schönstedt/Breyer-Mayländer (2010: 4) zufolge sind vor allem größere Verlage vielfach in diversen Produktkategorien tätig, aber auch kleinere Verlage beschränken sich in ihrem Tätigkeitsfeld oft nicht auf eine Produktkategorie.

Auch die übliche Trennung zwischen den Überkategorien Buchverlage und Presseverlage ist nicht zwingend disjunkt, da Zeitungsverlage mitunter in Form von Tochtereinheiten Buchverlage für Regionalliteratur beinhalten und „Fach(buch)verlage [...] neben dem klassischen Fachbuch für thematisch eng umgrenzte Themenbereiche in der Regel eine passende Fachzeitschrift" herausbringen (ebd.: 5). Nach Lucius (2007: 85) sind „Zeitschriften [...] ein großer Stabilisierungsfaktor für einen Verlag", Mischungen aus Zeitschriften- und Buchverlagen sind dementsprechend verbreitet.

Eine weitere häufige Unterteilung nach dem inhaltlichen Angebot von Verlagen ist auch die Gegenüberstellung von Fachbuch- und Wissenschaftsverlagen einerseits und Publikumsverlagen andererseits, wobei der Publikumsverlag teilweise synonym zum Belletristikverlag verwendet wird (vgl. Huemer 2010: 62–76), teilweise aber auch als Sammelbegriff für Belletristik- und Sachbuchverlag dient (vgl. Rautenberg/Wetzel 2001: 63). Auch Themen- und Zielgruppenverlage werden einander explizit gegenübergestellt, sind aber ebenfalls nicht überschneidungsfrei (vgl. Lucius

2007: 86f.). Zudem beinhalten Themenverlage oft mehrere Subverlage für unterschiedliche Zielgruppen, z.B. ein Medizinverlag, der Bücher für Studierende, ÄrztInnen, Pflegepersonal und PatientInnen herausbringt, wobei diese zielgruppenbezogenen Subverlage auch von jeweils eigenen VerlagsleiterInnen geführt werden (ebd.).

Zusätzlich trifft Lucius (ebd.: 85–88) einige Differenzierungen auf Ebene der **Inhaltsbeschaffung** und stellt z.B. AutorInnenverlage und Lektoratsverlage einander gegenüber: AutorInnenverlage generieren ihre Inhalte überwiegend selbst; dies trifft etwa auf Lexikon-, Schulbuch- oder Wörterbuchverlage zu. Dementsprechend hat der Lektor/die Lektorin hier auch AutorInnen- bzw. RedakteurInnenfunktion. Lektoratsverlage hingegen arbeiten mit externen AutorInnen, der Lektor/die Lektorin hat an der Erstellung der Inhalte keinen unmittelbaren Anteil, sondern greift erst in weiterer Folge korrigierend und steuernd in die Inhaltsüberarbeitung ein (ebd.: 85f.). Auch ob Inhalte überwiegend eingekauft oder – sei es durch (externe) AutorInnen, sei es durch (interne) RedakteurInnen – selbst produziert werden, stellt eine Unterscheidungsmöglichkeit dar: Während manche Verlage ausschließlich Originalpublikationen veröffentlichen (Originalverlage), verlegen andere ausschließlich Werke aus Lizenzeinkäufen (Lizenzverlage), manche haben beides in ihrem Programm (ebd.: 88).

1.2.2 Verbreitung von Buchverlagen

Die definitorische Unschärfe, welche Art von Unternehmen als Verlag anzusehen ist, zeigt sich auch beim Versuch, die Zahl der Verlage in einem Land zu erfassen. In Österreich machen sich die Definitionsunterschiede sogar dramatisch bemerkbar. Die veröffentlichten Zahlen variieren von nahezu 2.000 bis hin zu weniger als 400 Unternehmen. So nennt die Wirtschaftskammer mit Stand 31.12.2017 1.474 Buch-, Kunst- und Musikalienverlage in Österreich (Wirtschaftskammer Österreich 2018: 11), wobei dieser Wert laut Auskunft des Hauptverbandes des Österreichischen Buchhandels auch Eigenverlage inkludiert, deren genaue Anzahl jedoch nicht aufliegt. Das Verzeichnis Lieferbarer Bücher (VLB) enthält mit Stand März 2017 bezogen auf lieferbare Printtitel sogar 1.834 Verlage. Darin erfasst sind jedoch auch 533 Personen, Unternehmen anderer Branchen, Organisationen und Vereine (z.B. Zotter Schokoladenmanufaktur, Wiener Tramwaymuseum), die im Eigenverlag einen oder sehr wenige Titel veröffentlicht haben (vgl. VLB-Liste, als Anhang verfügbar in Adamek 2017). Im

Gegensatz dazu geht der Verlagsführer Österreich im Jahr 2008[6] von 394 Verlagen aus, welche „die gewerberechtliche und aktive Ausübung der Verlagstätigkeit erfüll[en]" (Schnepf zit. nach Weidenholzer 2010).

Auch zur Anzahl der Buchverlage in der Schweiz gibt es kaum (aktuelle) Quellen. Einem Sondergutachten der Monopolkommission (2018) zufolge lag sie im Jahr 2014 bei 442 Unternehmen.

Für Deutschland nennt der Börsenverein des Deutschen Buchhandels (2016) eine Zahl von ca. 3.000 Buchverlagen.

Die Federation of European Publishers (2017: 3) orientiert sich aufgrund der Vielzahl existierender Definitionen an der EUROSTAT-Verlagsdefinition. Diese erfasst Unternehmen, die Bücher in gedruckter, elektronischer oder auditiver Form oder über das Internet veröffentlichen, wobei neben Büchern auch Broschüren, Flugblätter, Nachschlagewerke (Enzyklopädien, Wörterbücher) sowie kartographisches Material (Atlanten, Landkarten, Stadtpläne) gezählt werden (Eurostat 2008: 247f.). Basierend auf dieser Definition gab es 2014 in der EU 29.123 Buchverlage (Federation of European Publishers 2017: 3).

1.2.3 Größe von Verlagsunternehmen

In Europa besteht die Verlagsbranche überwiegend aus kleineren und mittelgroßen Unternehmen: „[T]he sector is made of a huge number of mostly small and very small players." (ebd.). Diese auf den ersten Augenschein anzunehmende Vielfalt von Verlagen ist aber in mehrfacher Hinsicht eingeschränkt: Zum einen entfällt der Großteil der Umsätze im Einzelvergleich auf die eigentlich wenigen großen Verlage, wodurch die Verlagsstruktur „einer Pyramide, die auf dem Kopf steht", gleicht (Schönstedt/ Breyer-Mayländer 2010: 40; vgl. dazu auch Klamet 2017: 41). Zum anderen sollte die hohe Zahl von kleinen und mittelgroßen Verlagen nicht über Konzentrationstendenzen hinwegtäuschen, viele der KMUs sind in Konzernstrukturen eingebettet. „Gerade hinter mittelgroßen Verlagen stehen [...] oft die Namen von Bertelsmann (Random House), Fleissner, von Holtzbrinck und anderen Gruppen", halten Schönstedt/Breyer-Mayländer (2010: 40) für Deutschland fest.

Die Verlagsgruppe Random House beispielsweise beinhaltet unter ihrem Dach derzeit über 40 Verlage aus Deutschland und den USA, u.a.

---

6 Es handelt sich hierbei um die aktuellste Ausgabe der unregelmäßig erscheinenden Reihe.

Goldmann, Heyne, DVA, Penguin oder den Hörbuchverlag Random House Audio. Ausgehend vom 1835 gegründeten C. Bertelsmann Verlag expandierte das Unternehmen im Laufe der Jahrzehnte immer mehr, 1968 gehörten bereits elf Publikums- und Sachbuchverlage zu Bertelsmann und wurden zur Verlagsgruppe Bertelsmann zusammengeführt. Ab 1980 kaufte das Unternehmen Verlage in den USA und bildete aus diesen zunächst die Verlagsgruppe Bantam Doubleday Dell. Als Bertelsmann 1998 zusätzlich den amerikanischen Verlag Random House erwarb, wurde die internationale Verlagsgruppe Random House gegründet, es folgten weitere Verlagsakquisitionen in Deutschland (Verlagsgruppe Random House GmbH o.J.). Bertelsmann ist jedoch weit über das Buchverlagsgeschäft hinaus tätig. Zwar nahm das Unternehmen von einem Buchverlag seinen Ausgang, doch handelt es sich heute um einen der weltweit größten Medienkonzerne. Neben der Buchverlagsgruppe Random House beinhaltet Bertelsmann u.a. auch das Musiklabel BMG, die RTL Group, den Magazinverlag Gruner + Jahr, das Logistik- und Finanzdienstleistungsunternehmen Arvato oder die Bertelsmann Printing Group (Bertelsmann o.J.). Mit einem Umsatz von 16,95 Mrd. € im Jahr 2016 steht Bertelsmann in der Liste der weltweit größten Medienkonzerne auf Platz 16, auf europäischer Ebene ist Bertelsmann der größte Medienkonzern (Institut für Medien- und Kommunikationspolitik 2017a).

Ein weiteres Beispiel eines Medienkonzerns, der eine große Verlagsgruppe beinhaltet, ist Lagardère Media mit Hachette Livre. Hachette Livre ist der weltweit drittgrößte Buchverlag und besitzt alleine in Frankreich 40 Verlage, etwa Hatier und Larousse aus dem Schulbuchbereich, die Ratgeberverlage Hachette Pratique und Marabout oder den für die Asterix-Reihe bekannten Comicverlag Éditions Albert-René. Auch die US-amerikanische Hachette Book Group gehört zu Hachette Livre und ging aus der Übernahme der Time Warner Book Group im Jahr 2006 hervor. Als Gründungsjahr von Hachette wird 1826 angegeben, als Louis Hachette die Pariser Librairie Brédif kaufte und auf diese Weise ins Buchgeschäft einstieg. 1980 kaufte Jean-Luc Lagardère, damals Geschäftsführer des Rüstungskonzerns Matra, 40 % von Hachette, das in der Zwischenzeit selbst zum Medienhaus angewachsen war. 2016 steht Lagardère Media mit einem Umsatz von 7,391 Mrd. € auf Platz 30 der größten Medienunternehmen weltweit und betreibt neben Buch- und Magazinverlagen (u.a. gehört das bekannte Magazin Elle dazu) TV- und Radiosender sowie eine Online-Gesundheitsplattform; ein wesentliches Geschäftsfeld sind aber auch Eventmanagement, Rechtehandel und Live-Entertainment im Sportbereich. In der Hand von Lagardère liegt beispielsweise die Vermarktung von 70 europäischen Fußballclubs; 2016 hatte der Konzern außerdem die Medien- und Vermarktungsrechte an den Olympischen Spielen inne (Institut für Medien- und Kommunikationspolitik 2017b; Hachette Book Group 2017).

Konzerne wie die genannten, die neben einer Vielfalt von Medienunternehmen auch andere Firmen, etwa Druckerei- und Logistikbetriebe, unter ihrem Dach beherbergen, sind in der Lage, die Wertschöpfungskette weitgehend selbst abzudecken und verfügen auch selbst über die Infrastruktur für eine Mehrfachverwertung von Content über die Mediengattungsgrenzen hinweg.

Eine Aufstellung der weltweit größten Verlagsgruppen, bewertet nach ihrem Umsatz, findet sich in Kapitel 2.2, das sich mit internationalen Buchmärkten genauer auseinandersetzt. Auf europäischer und nationaler Ebene sind nur wenige systematische Daten zur Größe[7] von Verlagen verfügbar, in Österreich ist der Datenmangel besonders ausgeprägt. Im Folgenden soll, soweit verfügbare Daten es ermöglichen, ein Überblick über Verlagsgrößen in Deutschland, Österreich und der Schweiz gegeben werden.

Die Fachzeitschrift Buchreport nennt als die 20 größten Verlage in Deutschland auf Basis ihres Umsatzes im Jahr 2017 die folgenden Unternehmen (siehe Tabelle 1). Springer Nature setzt sich dabei klar von den anderen Spitzenreitern der Liste ab und übertrifft mit einem Umsatz von 567,4 Mio. € den Umsatz der zweitplatzierten Klett Gruppe um ca. 250 Mio. €. Auf den Plätzen 2 bis 5 sammelt sich eine Reihe von Verlagen, deren Umsatz sich in ähnlichen Dimensionen – im Bereich um ca. 300 Mio. € – bewegt: Neben der Klett Gruppe sind dies Westermann, Haufe und Random House (Buchreport 2018a).

---

7 Hinzuzufügen ist, dass es ein Stück weit auch vom gewählten Definitionskriterium abhängt, welche Verlage als die größten oder wichtigsten begriffen werden. Mögliche Kriterien, an denen Größe oder Wichtigkeit festgemacht werden können, sind beispielsweise Umsatz, Titelproduktion oder auch Beschäftigtenzahl, nicht zu allen dieser Dimensionen gibt es aber Einzeldaten für den jeweiligen Verlag, am häufigsten sind noch Daten zur Umsatzhöhe. Auch Platzierungen in Bestsellerlisten können für Verlagsrankings eine Rolle spielen.

Tabelle 1: Deutschlands größte Buchverlage 2017 auf Basis ihres Umsatzes, eig. Darstellung, Zahlen aus Buchreport (2018a)

Verlag(sgruppe)	Umsatz (in Mio. €)
Springer Nature	567,4
Klett Gruppe	313
Westermann	300
Haufe	298,2
Random House	292,3
Wolters Kluwer	260
Cornelsen	259
C.H. Beck	196,7
WEKA	194
Thieme	162
dfv/Dt. Fachverlag	140,1
Wiley-VCH	137,7
Rentrop Gruppe	132
MairDumont	105
Bastei Lübbe	94,8
Vogel Business M.	87,5
Beuth Verlag	73,8
S. Fischer	72,1
DAV Verlagsgruppe	70,8
Carlsen	67,1

Ein spezifischer Blick von Buchreport nur auf Belletristik- und Sachbuchverlage liefert, ebenfalls nach Umsatz und für das Jahr 2017, folgendes Ranking (siehe Tabelle 2). Mit großem Abstand und als einziges im dreistelligen Millionenbereich (292,3 Mio. €) führt hier Random House das Ranking an, gefolgt von Bastei Lübbe (94,8 Mio. €) und S. Fischer (72,1 Mio. €) (Buchreport 2018b).

Tabelle 2: Deutschlands größte Belletristik- und Sachbuchverlage 2017 auf Basis ihres Umsatzes, eig. Darstellung, Zahlen aus Buchreport (2018b)

Verlag(sgruppe)	Umsatz (in Mio. €)
Random House	292,3
Bastei Lübbe	94,8
S. Fischer	72,1
Carlsen	67,1
Rowohlt	65,4
dtv	58,6
Ravensburger Buchverlag	57
Droemer Knaur	56,7
Egmont Holding	44,2
Carl Hanser	43,2
Piper	42,3
Ullstein	41,7
Suhrkamp	37,8
Verlagsgruppe Oetinger	34,3
Franckh Mediengruppe	32,5
Kiepenheuer & Witsch	27,9
Herder	27,8
Coppenrath	27,5
Münchener Verlagsgruppe	26,6
Diogenes	26,1

Buchreport bietet für Deutschland außerdem Verlagsrankings basierend auf der Platzierung der jeweiligen Verlagsgruppe in Bestsellerlisten. Als Datengrundlage dienen die SPIEGEL-Listen, und ausschlaggebend für die Position im Ranking sind die im betrachteten Jahr erworbenen Bestsellerpunkte. Diese werden auf Basis des Rangs, den ein Titel in der Bestsellerliste einnimmt, berechnet und für alle in der Liste vertretenen Titel summiert (Buchreport 2009). Auch die Zahl der in den Top 100 vertretenen Verlagstitel wird in den Blick genommen, ist aber, wie sich an den deutschen Top 5 Verlagen im Sachbuchbereich 2017 zeigt, den Bestsellerpunkten gegenüber sekundär. Im Bereich der Belletristik (Hardcover) wies Diogenes 2017 die meisten Bestsellerpunkte auf, gefolgt von Suhrkamp, Heyne, Rowohlt und Droemer Knaur. Im Sachbuchbereich führte Ludwig vor S. Fischer, Kiepenheuer & Witsch, C.H. Beck und Rowohlt. Insgesamt erwarb im Jahr 2017 Random House die meisten Bestsellerpunkte, es folgten Holtzbrinck, Bonnier, dtv und Bastei Lübbe (Buchreport 2018c, d, e) (Tabelle 3).

Tabelle 3:   Deutschlands erfolgreichste Verlage 2017 auf Basis ihrer Präsenz in Bestsellerlisten, eig. Darstellung, Daten aus Buchreport (Buchreport 2018c, d, e)

Verlag	Bestsellerpunkte	Zahl der Titel in den Top 100
Bestsellerlisten Belletristik (Hardcover) 2017		
Diogenes	448	8
Suhrkamp	401	6
Heyne	286	6
Rowohlt	275	5
Droemer Knaur	269	5
Bestsellerlisten Sachbuch 2017		
Ludwig	374	5
S. Fischer	347	7
Kiepenheuer & Witsch	322	5
C.H. Beck	319	7
Rowohlt	313	6
Bestsellerlisten gesamt 2017		
Random House	7912	33
Holtzbrinck	7079	29
Bonnier	3965	19
dtv	1166	8
Bastei Lübbe	778	4

In diesen eigentlich deutschen Rankings bildet sich auch die große Stärke des Schweizer Verlags Diogenes ab. Mit 26,1 Mio. € Umsatz in Deutschland schafft es der Schweizer Verlag knapp noch in die Liste der umsatzstärksten Belletristik- und Sachbuchverlage Deutschlands 2017 (siehe Tabelle 2), an Bestsellerpunkten gemessen führt Diogenes die Liste der erfolgreichsten deutschen Verlage im Bereich Belletristik sogar an (siehe Tabelle 3). Diogenes macht 90 % seiner Umsätze in Deutschland, was dem Verlag 2015 und in den Folgejahren aufgrund der Stärke des Schweizer Frankens gegenüber dem Euro trotz des sich hohen finanziellen Erfolgs Schwierigkeiten bescherte. Der Wechselkurseffekt brachte Diogenes zwischenzeitlich „an den Rand der roten Zahlen" (3Sat 2015), der Auftritt auf der Frankfurter Buchmesse 2015 wurde abgesagt (ebd.). Der Verlag scheint relativ bald Wege gefunden zu haben, mit dem „Frankenschock" (Vuichard 2016) umzugehen und dennoch steigende Umsätze zu erzielen (ebd.; Börsenblatt 2016); die Lage blieb aber längere Zeit angespannt – für Diogenes, aber auch für andere Schweizer Verlage, die einen Großteil ihrer Umsätze in Deutschland machen. Ein Beispiel ist der Dörlemann-Verlag, der 2017 zur Strategie des Crowdfundings griff, um Finanzmittel zu akquirieren. Auch der Kein & Aber-Verlag war von den negativen Auswirkungen des schwachen Euros betroffen (Läubli 2017), leistete sich aber trotzdem auf der Frankfurter Buchmesse 2017 einen fulminanten Auftritt mit eigenem Verlagsturm in der Agora, dem Kein & Aber-Tower (Feldnotizen FBM[8] 2017). Die zuletzt verfügbaren Zahlen aus der Schweiz (aus 2010, noch vor dem Frankenschock) bescheinigen Marktführer Diogenes einen Umsatz von 54 Mio. Franken, der zweitgrößte Verlag Kein & Aber kommt auf 6 Mio. Franken (Ebel 2010).

Auch für die Schweiz wird festgehalten, dass die auf den ersten Blick große Vielfalt von kleineren und mittleren Verlagen bei genauerer Betrachtung letztendlich auf eine geringe Zahl großer Konzerne – im Wesentlichen Bertelsmann und Holtzbrinck – rückführbar ist (Andreotti 2018).

In der österreichischen Buchverlagslandschaft gibt es laut dem Herausgeber des Verlagsführers Österreich, Michael Schnepf, keine so großen Player wie Diogenes. Selbst große österreichische Verlage sind in ihrer Dimension mit ausländischen Verlagen nicht vergleichbar – auch nicht, wenn der Vergleich auf den deutschsprachigen Raum beschränkt wird (Weidenholzer 2010). Am häufigsten sind Kleinverlage; diese sind insbesondere im Literatursektor vielfach auf Förderungen angewiesen, um überleben zu können. Hinzu kommen in (Medien-)Konzernstrukturen eingebettete kleine und mittlere Verlage.

Ein Beispiel für einen österreichischen Medienkonzern, der gleich mehrere Buchverlage beinhaltet, ist das Red Bull Media House. Der laut Fidler (2018) nach dem ORF zweitgrößte österreichische Medienkonzern führt die Verlagsmarken Terra Mater Books, Pantauro, Ecowin und Servus, die allesamt zur hauseigenen Benevento Publishing Group gehören, unter de-

---

8 FBM ist das hier zu Zitationszwecken gewählte Kürzel für „Frankfurter Buchmesse". Die Angabe „Feldnotizen FBM 2017" bedeutet dementsprechend, dass die jeweilige Information aus den Beobachtungen/Feldnotizen zur Frankfurter Buchmesse 2017 stammt. Analog dazu werden Informationen aus den Beobachtungen/Feldnotizen zur Frankfurter Buchmesse 2016 mit „Feldnotizen FBM 2016" zitiert.

ren Namen ebenfalls Bücher herausgebracht werden. Hinzu kommt die im September 2018 neu gegründete Edition Quo Vadis Veritas. Einer der Red Bull Media-House Verlage, Ecowin, befindet sich auch separat betrachtet in den Top 10 der umsatzstärksten Verlage in Österreich, konkret auf Platz 3 (Media Control im Auftrag des HVB, Stand 31.12.2017[9]). Auch die Styria Media Group, viertgrößter Medienkonzern in Österreich (Fidler 2018), beherbergt mehrere Buchverlage unter ihrem Dach: Den gleichnamigen Styria Verlag sowie die Verlage Molden, Pichler und Kneipp Verlag Wien.

Kennzeichnend für die Arbeit mit unterschiedlichen Verlagsmarken ist häufig – aber nicht immer –, dass mit den Einzelverlagen jeweils spezifische, genau definierte Genres, Themen, Zielgruppen oder eventuell auch Preissegmente abgedeckt werden. Auf die Styria Media Group trifft dies zu, hier findet sich eine thematische Differenzierung – von spirituellen und regionalen Themen (Styria Verlag) über Politik, Gesellschaft und (Zeit-)Geschichte (Molden) und Kulinarik (Pichler) bis hin zu Gesundheit (Kneipp Verlag). Die Schwerpunkte der Verlage werden auf der Styria-books-Website[10] auch explizit als solche angeführt. Bei den Verlagsmarken des Red Bull Media House gibt es keine so klare Differenzierung im Sinne einer vergleichenden Gegenüberstellung von Verlagsprofilen. Zwar sind unter Betrachtung des Sortiments auf der Website[11] gewisse thematische Unterschiede zu erkennen – manche Verlagsmarken unterscheiden sich dahingehend stärker voneinander, manche schwächer. Generell erscheint jede der Red Bull-Verlagsmarken trotz gewisser Schwerpunktsetzungen (z.B. Servus mit regionalem Schwerpunkt auf den Alpenraum) als ein Sammelbecken für ein Spektrum von Themen: Unter Ecowin sammeln sich z.B. Bücher zu Politik, Umweltfragen und Gesundheit, diverse Ratgeber, aber auch Thomas Brezinas Knickerbocker-Romane für Erwachsene. Servus beinhaltet kulinarische Bücher (ein Genre, das auch unter der Verlagsmarke Pantauro auftaucht), daneben aber auch Natur-, Gesundheits- und geschichtliche Themen bis hin zum Bastelbuch. (Extrem-)Sport in Verbindung mit der Natur ist Thema sowohl im Sortiment von Terra Mater als auch von Pantauro. Die Red Bull-Verlagsmarken sind inhaltlich also zwar auf Differenzierung angelegt, diese wird aber an einigen Stellen unscharf und erschließt sich nicht auf den ersten Blick. Auch in Bezug auf Preissegmente ist keine klare Differenzierung zu erkennen: Viele Bücher der unter-

9 Informationen im September 2018 per E-Mail vom Hauptverband des Österreichischen Buchhandels (Rebecca Eder) erhalten
10 Recherche auf der Verlagswebsite mit Stand Dezember 2018
11 Recherche auf der Verlagswebsite mit Stand Dezember 2018

schiedlichen Red Bull Verlagsmarken bewegen sich preislich im Bereich zwischen 20 und 28€, wobei etwa das Sortiment von Pantauro sowohl hochpreisige (z.B. Bildbände um ca. 76 €) als auch niedrigpreisige (z.B. 9,95 €) Titel enthält.

Das Niederösterreichische Pressehaus, Platz 11 im Ranking der umsatz-stärksten Medienkonzerne in Österreich (Fidler 2018), führt den NP Buch-verlag. Das Echo Medienhaus, Platz 18 (ebd.), beinhaltet den Echomedia Buchverlag. Die folgende Tabelle zeigt den Gesamtumsatz der genannten Medienkonzerne im Jahr 2017.

Tabelle 4: Der Gesamtumsatz von vier ausgewählten österreichischen Medien-konzernen 2017. Eigene Darstellung basierend auf Fidler (ebd.).

Konzern	Umsatz 2017
Red Bull Media House	520 Mio. €
Styria Media Group	309 Mio. €
Niederösterreichisches Pressehaus	89 Mio. €
Echo Medienhaus	24,9 Mio. €

Welcher Umsatzanteil innerhalb des Konzerns auf die jeweiligen Buchver-lage entfällt, geht aus den verfügbaren Daten nicht hervor.

Werden ausschließlich Buchverlage im Einzelnen betrachtet, führen laut Erhebung von Media Control im Auftrag des Hauptverbandes des Öster-reichischen Buchhandels[12] folgende Unternehmen die Liste der umsatz-stärksten Verlage in Österreich an (siehe Tabelle 5). G & G ist nach Umsät-zen betrachtet der österreichische Marktführer im Buchverlagsbereich, ge-folgt von Tyrolia und dem Red Bull Media House-Verlag Ecowin. Konkre-te Umsatzzahlen, die einen Vergleich der stärksten österreichischen Verla-ge untereinander, aber auch mit ausländischen Verlagen ermöglichen wür-den, waren auch auf Nachfrage beim Hauptverband des Österreichischen Buchhandels nicht verfügbar.

---

12 Informationen im September 2018 per E-Mail vom Hauptverband des Österrei-chischen Buchhandels (Rebecca Eder) erhalten.

Tabelle 5: Die umsatzstärksten Verlage in Österreich (Quelle: Media Control im Auftrag des HVB, Stand: 31.12.2017)

	Verlag
1	G & G
2	Tyrolia
3	Ecowin
4	Haymon
5	Brandstätter
6	Edition A
7	Amalthea
8	Zsolnay
9	Residenz
10	Löwenzahn

Was die Eigentumsverhältnisse betrifft, zeigt die angeführte Liste ein durchaus buntes Bild: Neben Verlagen, die sich in österreichischer Hand befinden, wie etwa Brandstätter oder – nachdem zwischenzeitlich die Hälfte des Verlags zur Deutschen Verlags-Anstalt gehörte – der Haymon Verlag, gibt es auch Verflechtungen ins Ausland. So gehört der Wiener Zsolnay Verlag seit 1996 zum deutschen Hanser Verlag. Auch innerösterreichisch stehen hinter manchen Verlagen, die hier im Einzelnen angeführt sind, größere Strukturen. Der Residenz Verlag gehört seit 2015 zu 100 % zur PHP Holding des Salzburgers Peter Daniell Porsche, der gemeinsam mit seinem Vater auch ein Achtel der Porsche-Piëch-Anteile am VW-Konzern besitzt (DerStandard 2017). Umgekehrt vereint der österreichische Marktführer G & G neben dem Wiener Carl Überreuter Verlag auch die Berliner Überreuter Verlags GmbH und den deutschen Annette Betz Verlag unter einem Dach.

Am anderen Ende des Spektrums stehen die bereits erwähnten, zahlenmäßig dominierenden Kleinverlage. Eine einheitliche Kleinverlagsdefinition gibt es nicht (Weidenholzer 2010), Definitionskriterien wie geringe MitarbeiterInnenzahl, geringe Zahl neuer Titel pro Jahr und geringer Umsatz werden genannt, aber nicht mit konkreten Maßstäben verknüpft. Der Luftschacht-Verlag, der laut Weidenholzer (ebd.) jährlich 12 Titel herausbringt, gehört in seiner Eigendefinition trotz inzwischen hoher Bekanntheit zu den Kleinverlagen, ebenso wie der nach wie vor von Inhaber Ralph Klever als Ein-Personen-Unternehmen geführte Klever-Verlag (Patandersson 2016). Beide haben laut dem VLB (Verzeichnis lieferbarer Bücher) mit Stand März 2017 (vgl. VLB-Liste, als Anhang verfügbar in Adamek 2017) eine ähnliche Zahl lieferbarer Printtitel in ihrem Sortiment, der Luftschacht-Verlag findet sich dort mit 153 lieferbaren Printtiteln, der Klever-Verlag mit 118 Printtiteln, beim Luftschacht-Verlag kommen 42 lieferbare E-Book-Titel hinzu. Der 1923 gegründete, mit kleinem Team arbeitende und im Besitz der Österreichischen Kinderfreunde stehende Kinderbuchverlag Jungbrunnen hat laut VLB 122 Printtitel und 22 E-Book-Titel im lieferbaren Sortiment. Zum Vergleich: Marktführer G & G ist im VLB mit 873 Print- und 83 E-Book-Titeln aufgeführt, Tyrolia mit 930 Print- und 77 E-Book-Titeln. Der nach Umsätzen drittstärkste Verlag Ecowin kommt dagegen auf eine vergleichsweise moderate Zahl von 166 Printtiteln und 167 E-Book-Titeln, der neuntplatzierte Residenz Verlag hat 637 Printtitel und 237 E-Book-Titel im lieferbaren Sortiment.

Der von Weidenholzer (2010) ebenfalls als Beispiel für einen Kleinverlag angeführte Mitter Verlag, der versuchte mit „intermediale[r] Literatur" eine Nische zu besetzen und Mittel aus der staatlichen Kunstförderung erhielt, wurde mit 31. August 2018 eingestellt (Mitter Verlag 2018). Hier zeigt sich, dass auch staatliche Förderungen für das Überleben von Kleinverlagen nicht immer ausreichend sind.

1.2.4 Aufbau von Verlagen: Abteilungen, Funktionen und Rollen

Aus dem Spektrum existierender Verlagsunternehmen von Kleinbetrieben bis hin zu Konzernstrukturen resultieren auch unterschiedliche Formen und Möglichkeiten des Wirtschaftens für Verlage. Dementsprechend ist auch die Darstellung des Aufbaus von Verlagen nur ein grobes Raster, das in den Detailausgestaltungen von Verlag zu Verlag durchaus variiert. Im Folgenden seien einige der zentralsten Abteilungen von Verlagen näher beschrieben: Führungsebene, Lektorat, Herstellung, Marketing, Vertrieb, Presse sowie Rechte und Lizenzen.

Prinzipiell unterscheidet man auf der **Führungsebene** zwischen Inhaberverlagen (Schönstedt/Breyer-Mayländer 2010: 112) bzw. Verleger-Verlagen (Röhring 2011: 25) einerseits und Managementverlagen andererseits.

Beim Inhaber-/Verleger-Verlag, der laut Röhring (ebd.) nur mehr ausnahmsweise vorkommt, steht der Verleger/die Verlegerin als EigentümerIn des Verlags an der Spitze und führt den Verlag sowohl die kaufmännischen Geschäfte als auch die inhaltliche Programmgestaltung betreffend. Oft hat der/die VerlegerIn den Verlag gegründet. Typischerweise müssen alle Entscheidungen, die in den jeweiligen Abteilungen getroffen werden (z.B. im Lektorat, im Marketing) mit dem Inhaber/der Inhaberin abgestimmt werden, er/sie hat in allen Belangen die Letztentscheidung – etwa auch darüber, welche grundsätzliche Ausrichtung das Verlagsprogramm hat, welche Titel konkret ins Programm aufgenommen oder abgelehnt werden oder wie hoch Auflagen oder Verkaufspreise angesetzt werden. Kapitalbesitz und Leitung befinden sich damit in einer Hand. Anders ist dies beim Managementverlag, bei dem der Verleger/die Verlegerin die Führungsaufgaben zum Teil oder gänzlich an leitende Angestellte übergeben hat. In den meisten Fällen ist die Geschäftsführung zweigeteilt, d.h. es gibt zwei Managementfunktionen, die auch von zwei unterschiedlichen Personen ausgeübt werden – auf der einen Seite die Programm-Geschäftsführung (Verlagsleitung), auf der anderen Seite die kaufmännische Geschäftsführung. Letztere vertritt den Verlag gesetzlich nach außen. Beim Managementverlag gibt es zwei Abstufungen: Den reinen Managementverlag, der ausschließlich von ManagerInnen – gänzlich ohne InhaberIn im Hintergrund – geführt wird, sowie eine Zwischenvariante, wo eine kaufmännische Geschäftsführung und/oder Verlagsleitung angestellt wird, aber auch der Inhaber/die Inhaberin weiterhin im Verlag verbleibt. Management-Verlage ohne InhaberIn entstehen nicht nur durch dessen/deren Rückzug, sondern darüber hinaus auch dort, wo es keinen Verleger/keine Verlegerin „als natürliche Person" gibt, „weil die Inhaber des Verlags ihrerseits Gesellschaften sind." (Schönstedt/Breyer-Mayländer 2010: 112). Des Öfteren kommt auch vor, dass InhaberInnen, die sich aufgrund ihres Alters zurückziehen, den selbst- bzw. nach dem Zweiten Weltkrieg wiedergegründeten Verlag an Konzerne verkaufen, wodurch der betreffende Verlag zum Managementverlag wird (Röhring 2011: 25; Schönstedt/Breyer-Mayländer 2010: 112–116). Wem bei einer doppelten Geschäftsführung welche Abteilungen unterstellt sind, variiert je nach Quelle und wohl auch in der Praxis je nach konkretem Verlag und Verlagstyp. Röhring (2011: 25) ordnet Lektorats-, Werbe-, Presse- und Lizenzabteilung der Programm-Geschäftsführung zu, während Schönstedt/Breyer-Mayländer (2010: 115) Presse- und Öffentlichkeitsarbeit wie auch Rechte und Lizenzen als Stabstellen an der Seite des beiden Geschäftsführungen übergeordneten Verlegers positionieren.

Auf der Zeitachse vom Rohmanuskript zum fertigen Buch steht die **Lektoratsabteilung** an erster Stelle. Die Rolle von LektorInnen in der öffentlichen Vorstellung ist eng mit dem Lesen verknüpft: Der/die LektorIn ist demnach erste/r LeserIn eines Manuskripts und greift in dessen Entstehungsprozess auf inhaltlicher, sprachlicher und formaler Ebene korrigierend ein. Die Aufgaben von LektorInnen gehen jedoch in der Praxis weit über diese redigierende Funktion hinaus. LektorInnen müssen heute in hohem Maße über ökonomische Kompetenzen verfügen, ihre Tätigkeit ist stark (betriebs-)wirtschaftlich geprägt. Je nach Verlag ist das Aufgabenspektrum von LektorInnen unterschiedlich ausgestaltet und umfasst beispielsweise auch die Akquise neuer Buchprojekte[13] – von der Entwicklung eigener Projektideen auf Basis von Trendbeobachtung und der dann erforderlichen AutorInnensuche über die Annahme oder Ablehnung eingereichter Manuskripte bis hin zum Lizenzeinkauf. Dabei muss neben der inhaltlichen Qualität die Passung zum Programm gegeben sein, die Aktivitäten der Konkurrenz müssen in die Entscheidung einbezogen werden und nicht zuletzt gilt es die wirtschaftliche Sinnhaftigkeit des Vorhabens zu kalkulieren, ob etwa „auf der Kostenseite die Produktion einer marktgerechten Auflage zu einem marktgerechten Preis genug Spielraum lässt, um die Kosten der Lizenzen plus zusätzlich der Übersetzungskosten zu decken und dabei auch noch ein Spielraum für Gewinnerzielung bleibt." (ebd.: 117) (Börsenverein des Deutschen Buchhandels o.J.b; Lucius 2007: 99–102; Schönstedt/Breyer-Mayländer 2010: 116–122). Damit ergeben sich beim „akquirierende[n] Lektorat" (Lucius 2007: 99) wesentliche Überschneidungen des Tätigkeitsfeldes von LektorInnen zur Lizenzabteilung, da auch sie als EinkäuferInnen ausländischer Titel auftreten, sowie zum Verleger/zur Verlegerin, den/die sie in punkto Annahme oder Ablehnung von Manuskripten beraten. Nach Lucius (ebd.: 100) ist deshalb „in nahezu allen kleineren und mittleren Verlagen […] der Verleger auch heute noch selbst der procuring bzw. acquisition editor". Generell sind LektorInnen stark an den Schnittstellen tätig, sie sind mit fast allen Verlagsabteilungen vernetzt. Dementsprechend benötigen sie auch ein breites Spektrum von Kompetenzen und Kenntnissen, u.a. in punkto Redaktion, Herstellung, Kalkulation, Markteinschätzung und (Programm-)Planung (ebd.: 102; Schönstedt/ Breyer-Mayländer 2010: 118f.). Ein Kernbereich von LektorInnen bleibt allerdings die AutorInnenbetreuung während der Arbeit am Manuskript – ein Prozess, der zwei bis 10 Jahre dauern kann und bei dem häufig „eine Kooperation zwischen Autor und Lektor bei der Arbeit am Text" (ebd.: 117) stattfindet (ebd.). In manchen Verlagen (z.B. Lexikonverlagen, Schulbuchverlagen) gibt es außerdem die spezielle Funktion des „schreibenden Lektorats", in dem die LektorInnen selbst als AutorInnen fungieren (Lucius 2007: 99f.; Schönstedt/Breyer-Mayländer 2010: 121f.).

Das Lektorat bzw. die Redaktion übergibt das fertige Manuskript der **Herstellung**, wo alle Entscheidungen getroffen werden, „die aus dem

---

13 Lucius (2007: 99f.) bezeichnet diesen Lektoratstypus als „procuring editor" bzw. „akquirierendes Lektorat".

‚Geist' Manuskript einen ‚Körper' Buch machen" (ebd.: 123). Es werden also alle Details der so genannten Ausstattung des Buches festgelegt – etwa Format, Satzspiegel, Kolumnenanzahl, Zeilenbreite und -abstand, Schriftart und -größe, Stege, Art der Kolumnentitel, Art der Bindung, Papierart, und nicht zuletzt die Gestaltung des Covers. Umgesetzt werden diese Schritte allerdings oftmals von externen DienstleisterInnen; die Herstellungsabteilung trifft die konzeptionellen Entscheidungen, wie die Ausstattung des Buches aussehen soll, und übermittelt diese als Auftraggeberin an die jeweiligen Satz-, Druck- und Weiterverarbeitungsbetriebe. Gehört der Verlag zu einem Konzern verbleibt die Herstellung jedoch häufig unter dem Konzerndach; Bertelsmann etwa betreibt auch eine eigene Druckereigruppe, die Bertelsmann Printing Group. Die Vielfalt von Unternehmen in einem Konzern ermöglicht es die gesamte Wertschöpfungskette, oder zumindest große Teile davon, in-house abzudecken. Auch die genaue Kalkulation des Buchs findet in der Herstellungsabteilung statt. MitarbeiterInnen der Herstellung benötigen folglich sowohl technisches als auch kaufmännisches Wissen. Während es in mittelgroßen Verlagen meist nur eine/n HerstellerIn gibt, ist das Herstellungspersonal in größeren Verlagen umfangreicher und umfasst unterschiedliche Funktionen, z.B. HerstellungsassistentInnen, ZeichnerInnen und HerstellungsleiterInnen (Börsenverein des Deutschen Buchhandels o.J.c; Schönstedt/Breyer-Mayländer 2010: 122–127).

Das inhaltlich (Lektorat) und technisch (Herstellung samt Kooperationsbetriebe) produzierte Buch gelangt schließlich in den Vertrieb. Die **Vertriebsabteilung** ist „das Bindeglied zwischen dem Verlag als Produzenten eines Buchs und dem Handel als Verkäufer" (Börsenverein des Deutschen Buchhandels o.J.d), ihre MitarbeiterInnen sind demgemäß auch die AnsprechpartnerInnen des Handels. Zusätzlich zu den internen Verkaufsteams gibt es VerlagsvertreterInnen, die im Außendienst BuchhändlerInnen aufsuchen, sie über Novitäten des Verlags informieren und mit ihnen gemeinsame Verkaufsaktionen koordinieren. Spezielle Key Account ManagerInnen innerhalb des Vertriebs kümmern sich um die wichtigsten KundInnen des Verlags. Außerdem beobachtet der Vertrieb den Markt, um Einschätzungen für eine realistische Kalkulation der Auflage liefern zu können. Als Vertriebskanal hat neben dem stationären Buchhandel der Online-Versand starkes Gewicht, weiters werden Bücher über Buchgemeinschaften oder den buchfremden Fachhandel vertrieben, in geringem Ausmaß findet auch Direktverkauf durch Verlage statt (ebd.; Börsenverein des Deutschen Buchhandels o.J.e). Der Vertrieb arbeitet Hand in Hand mit der **Marketingabteilung**. So wie Lektorat und Herstellung aus unterschiedlichen Gesichtspunkten mit der Produktion (inhaltlich, technisch) befasst sind, kooperieren Vertrieb und Marketing im Hinblick auf den Absatz: Die Marketingabteilung bahnt den Absatz an, die Vertriebsabteilung führt ihn durch. Marketing findet dabei sowohl auf strategischer Ebene (Marktbeobachtung und basierend darauf Entdeckung neuer Absatzmärkte und -kanäle) als auch auf operativer Ebene (Werbung und Verkaufsförderung für konkrete Titel, Programmsegmente oder das Verlagsprogramm insgesamt) statt. Marketingaktivitäten können sich dabei aus Zielgruppenperspektive auf LeserInnen oder HändlerInnen, aus Aktualitätsperspektive auf Novitäten oder Backlisttitel und aus Perspektive der Produktzahl auf Einzeltitel, Reihen, Themen oder den Gesamtverlag beziehen. Auch im Marketing variiert die personelle Besetzung nach Verlagsgröße und umfasst in größeren Verlagen neben WerbeleiterIn und WerbeassistentIn z.B. auch GrafikerIn, TexterIn, DesignerIn und Art-DirektorIn. In der Regel wird auch im Marketing mit externen DienstleisterInnen (Agenturen) zusammengearbeitet (Börsenverein des Deutschen Buchhandels o.J.d; Schönstedt/Breyer-Mayländer 2010: 127–140).

Die Abteilung für **Presse- und Öffentlichkeitsarbeit** hat demgegenüber die Aufgabe, eine/n VerlagsautorIn, einen Verlagstitel oder den Verlag als Ganzes in der allgemeinen Öffentlichkeit bekannt zu machen und Imagearbeit zu betreiben. Sie bemüht sich um die Aufmerksamkeit von wichtigen MultiplikatorInnen (z.B. LiteraturkritikerInnen, RedakteurInnen bei Medien), etwa, indem sie Rezensionsexemplare verschickt oder Medienauftritte für AutorInnen (Talkshows, Interviews) vermittelt. Eine eigene Abteilung für Presse- und Öffentlichkeitsarbeit haben allerdings nur große Verlage, häufig ist dieser Tätigkeitsbereich an die Werbung angeschlossen (Börsenverein des Deutschen Buchhandels o.J.f, o.J.g; Röhring 2011: 28).

Auch über eine eigene **Rechte- und Lizenzabteilung** verfügen nur wenige Verlage, obwohl der Handel mit Rechten und Lizenzen einen Kernbereich des Verlagsgeschäfts darstellt (ebd.: 28). Vielfach wird der Rechte- und Lizenzverkauf an AgentInnen, der Rechte- und Lizenzeinkauf an Scouts ausgegliedert (Outsourcing) (Lucius 2007: 102f.). Wie bereits erwähnt, sind intern auch LektorInnen (im Falle des „akquirierenden Lektorats") mit dem Einkauf von Titeln befasst (ebd.: 99). Die Interviewdaten aus dem Projekt „Trading Cultures" zeigen zudem, dass – zumindest in österreichischen Verlagen – häufig der Verleger/die VerlegerIn selbst bzw. die Programm-Geschäftsführung/Verlagsleitung im Rechte- und Lizenzhandel aktiv ist. Es gibt also eine Vielfalt von AkteurInnen, die mit Aktivitäten aus dem Rechte- und Lizenzhandel betraut sein können.

Inwieweit ein Verlag Rechte und Lizenzen verkaufen kann, hängt zunächst davon ab, welche Nutzungsrechte ihm im Verlagsvertrag vom jeweiligen Urheber/von der jeweiligen Urheberin übertragen wurden (Wirtz 2016: 285). Unterschieden wird zwischen dem Hauptrecht – dem „ausschließliche[n] Recht zur Vervielfältigung und Verbreitung" (Börsenverein des Deutschen Buchhandels o.J.h) des Werkes – und weiteren Nutzungsrechten, den so genannten Nebenrechten, die in buchnahe und buchferne Nebenrechte unterteilt werden können. Zu den buchnahen Nebenrechten zählen die Übersetzung eines Werkes in eine andere Sprache, die Herausgabe als Taschenbuch oder der Vorabdruck in Zeitungen und Zeitschriften. Buchferne Nebenrechte sind beispielsweise die Vertonung, Verfilmung oder Dramatisierung (ebd.). Diese kann der Verlag entweder selbst nutzen, z.B. indem er selbst einen Roman als Hörbuch vertonen lässt, oder er kann Lizenzen zur Nutzung an andere verkaufen. Der Urheber/die Urheberin kann dem Verlag neben dem Hauptrecht auch die Nebenrechte vollständig oder teilweise übertragen oder aber sie vollständig oder teilweise behalten und sie selbst verwerten, z.B. indem er/sie einen Agenten/eine Agentin für den Lizenzverkauf beauftragt (Börsenverein des Deutschen Buchhandels o.J.i; Wirtz 2016: 289). Der Rechte- und Lizenzhandel ist eine der wesentlichsten Wertschöpfungsstufen im Verlag. Zum Lizenzhandel gehört auch das Imprintgeschäft, das laut Schönstedt/Breyer-Mayländer (2010: 85) „seit der Jahrtausendwende geradezu einen Boom erlebt". ImprintnehmerIn und ImprintgeberIn schließen einen Lizenzvertrag, der allerdings insoweit von einem klassischen Lizenzvertrag abweicht, als der/die ImprintgeberIn als Marke dient, die auf dem Umschlag des Buches sichtbar gemacht wird und dem/der ImprintnehmerIn zu besonderem Absatz verhelfen soll. Sehr häufig sind Imprintgeschäfte zwischen Presse- und Buchverlagen, was auch damit zu tun hat, dass Presseverlage in ihrem Stammgeschäft in Bedrängnis geraten sind und deswegen vermehrt sowohl mit eigenen Verlagen als auch als ImprintgeberInnen die Buchbranche betreten. Aber auch Rundfunkanstalten gehen Imprintgeschäfte mit Buchverlagen ein. Beispiele für solche Imprint-Kooperationen sind etwa die Brigitte-Buchreihe im Verlag Gräfe + Unzer oder die SWR Schriftenreihe Medienpolitik bei Nomos (ebd.: 83–85; Wirtz 2016: 286). Zu erwähnen ist an dieser Stelle, dass der Begriff Imprint in der Literatur eine andere Bedeutung haben dürfte als in der Praxis bzw. dass zumindest mehrere Bedeutungen mit diesem Begriff verbunden sind. Neben der gerade geschilderten Definition aus der Literatur sind Imprints in der Praxis Verlagsmarken innerhalb eines Verlages, durch die der Verlag sein Angebot ausdifferenziert. Beispielsweise handelt es sich beim Imprint „Nilpferd" um eine

Kinderbuchmarke, die vormals zum Residenz Verlag gehörte und später von G & G übernommen wurde (vormals „Nilpferd in Residenz", jetzt „Nilpferd im G & G Verlag"). Die Differenzierung war während der Zugehörigkeit zum Residenz Verlag klarer als heute – unter dem Label „Nilpferd" wurde das Kinderbuchprogramm herausgebracht, während der Kernbereich von Residenz in der (Erwachsenen-)Literatur und im Sachbuch liegt. G & G ist selbst auf Kinderliteratur spezialisiert, insofern ist eine Differenzierung zum übrigen Programm nicht mehr augenfällig. Wie im Impressum von G & G (2018) erwähnt wird, erhält „Nilpferd" finanzielle Unterstützung aus der Kunstförderung des Bundeskanzleramts, insofern liegt nahe, dass unter diesem Label inhaltlich wie ästhetisch wertvolle Bücher, die in besonderem Maße als Kunst zu verstehen sind, herausgebracht werden. Vor allem ging es laut Zeitungsberichten (vgl. NÖN 2015) zur Übernahme von Nilpferd durch G & G aber darum, eine starke österreichische Kinderbuchmarke zu erhalten, nachdem das Niederösterreichische Pressehaus (damals noch Eigentümer des Residenz Verlages) beschlossen hatte, Residenz wieder stärker um seine Kernbereiche herum auszurichten. Imprints gibt es also auch innerhalb von Verlagen und sind nicht unbedingt durch Kooperation mit anderen Unternehmen gekennzeichnet. Ein wichtiger Bereich des Handels mit Rechten und Lizenzen ist nicht zuletzt auch Merchandising. Handel mit Merchandising-Lizenzen bringt laut Wirtz (2016: 286) hohe Umsätze ein. Buchmessen sind ein wesentlicher Ort für den Handel mit Rechten und Lizenzen (weitere Details dazu siehe Kapitel 3.3). Im Rahmen von Buchmessen, aber auch von Film- und Fernseh- oder Gamesmessen werden dabei auch spezifische Formate geschaffen, welche die Vernetzung zwischen den Branchen zum Zwecke des Lizenzhandels fördern sollen. Beispiele dafür sind „Book meets Film" (Teil des Münchner Filmfests), „Books at Berlinale" (Teil der Berlinale bzw. des European Film Markets EFM) sowie „Book meets Game" (Teil der Gamescom). Ein wesentliches Element dieser Zusammenkünfte sind Pitches, bei denen Verlage ihr Angebot (Titel, Projekte, Geschäftsmodelle) VertreterInnen der Film- oder Gamesbranche vorstellen. Die VeranstalterInnen von „Book Meets Game" sind Gamescom und Frankfurter Buchmesse gemeinsam (abgehalten in Köln), an „Book meets Film" ist der Bayrische Landesverband des Börsenvereins beteiligt, „Books at Berlinale" wird ebenfalls von Berlinale/EFM und Frankfurter Buchmesse gemeinsam veranstaltet (Börsenverein des Deutschen Buchhandels 2018; Buchreport 2017a; Hauptverband des Österreichischen Buchhandels 2016; Presseabteilung Berlinale 2017).

1.3 Relevante AkteurInnen der Buchwirtschaft außerhalb des Verlags

Obwohl es auf internationaler Ebene zahlreiche Beispiele für die Einbettung von Verlagen in große Medienkonzerne gibt, wo die Wertschöpfungskette überwiegend im Haus bewältigt werden kann (Schönstedt/ Breyer-Mayländer 2010: 204), ist der typische Fall eines Verlags nicht das integrierte Unternehmen. Stattdessen unterhalten Verlage umfangreiche Produktionsnetzwerke, bestehend aus Partnerunternehmen, die als LieferantInnen bzw. AbnehmerInnen fungieren. Auf diese Weise werden Aktivitäten, für die der Verlag nicht über ausreichende Kompetenzen oder Ressourcen verfügt, auf andere Unternehmen ausgelagert. Dadurch werden auch Fixkostenrisiken reduziert, die aufgrund von Investitionen in Technologien und Kompetenzen entstehen, die sich nicht bewähren (Klamet 2017: 46; Wirtz 2016: 303).

Für die **Distribution** vom Verlag zu den LeserInnen ist die Kooperation mit Groß- und ZwischenbuchhändlerInnen[14] sowie BucheinzelhändlerInnen hochrelevant. Die Struktur des **Groß- und Zwischenbuchhandels** ist eine oligopolistische: Mit KNV Zeitfracht (bis Anfang 2019 Koch, Neff & Volckmar[15]), Lingenbrink (Libri), Umbreit und Könemann teilen sich im Wesentlichen vier Unternehmen den Markt auf, insgesamt gibt es in Deutschland etwa 60 Unternehmen (Schönstedt/Breyer-Mayländer 2010: 42). Groß- und ZwischenbuchhändlerInnen kaufen Bücher von Verlagen und verkaufen sie an Buchhandlungen weiter. Verlage treten durch die Inanspruchnahme des Groß- und Zwischenhandels das Lagerungs- und Absatzrisiko ab. Für die Buch(einzel)händlerInnen ergibt sich der Vorteil, dass sie Produkte von diversen Verlagen aus einer Hand und mit einer Rechnung bekommen und KundInnenbestellungen rasch erfüllen können. Bei einem Besuch am Messestand von Koch, Neff & Volckmar auf der Frankfurter Buchmesse 2017 erzählte eine Mitarbeiterin, dass das Unternehmen etwa eine Million Bücher von rund 5.000 Verlagen führe, aber noch mehr besorgen könne, und in 80 Länder liefere: Täglich gehen Büchertransporte per Lieferwagen nach Deutschland, Österreich, Südtirol und in die Schweiz (Feldnotizen FBM 2017).

---

14 Im deutschsprachigen Raum. Andere Buchmärkte haben, wie zuvor erwähnt, ein zweistufiges System ohne Zwischenbuchhandel.

15 Koch, Neff & Volckmar mussten Anfang 2019 Insolvenz anmelden und wurden im Laufe des Jahres vom Logistikunternehmen Zeitfracht gekauft (Hauptverband des Österreichischen Buchhandels 2019).

Es gibt zwei Kategorien von Groß- und ZwischenbuchhändlerInnen: Verlagsauslieferer, die „im Namen und für die Rechnung des Verlags" tätig werden, sowie Barsortimenter, die „in eigenem Namen und auf eigene Rechnung" wirtschaften, d.h. sie kaufen die Bücher auf eigenes Risiko (Wirtz 2016: 311). Die Barsortimenter bilden den Fachgroßhandel, daneben gibt es GrossistInnen (GroßhändlerInnen, für die Bücher nicht die Haupt-, sondern eine Nebenbranche darstellen) sowie die Spezialform der Rack Jobber (GroßhändlerInnen, die Regalflächen im Einzelhandel, z.B. in Supermärkten, anmieten und befüllen) (ebd.: 287).

Auch in Österreich und der Schweiz gibt es Unternehmen des Zwischenbuchhandels. Österreichische Unternehmen des Zwischenbuchhandels sind laut dem Börsenverein des Deutschen Buchhandels (o.J.j) von ihrem Organisations- und Arbeitsprinzip her meist Mischformen zwischen Barsortimentern und Verlagsauslieferern. In der Selbstbezeichnung der jeweiligen Unternehmen fallen allerdings klar die Begriffe Barsortiment oder Verlagsauslieferung. Morawa hat in Kooperation mit dem deutschen Buchgroßhändler Libri 2016 ein Barsortiment gegründet, das laut eigener Aussage von Morawa „erste österreichische Voll-Barsortiment" (Morawa o.J.) mit dem Titel MOMO Bestellservice (Börsenverein des Deutschen Buchhandels o.J.j; Morawa o.J.). Ein Beispiel für eine österreichische Verlagsauslieferung ist die Medienlogistik Pichler-ÖBZ GmbH & Co. KG (MELO); einer der historischen Ursprünge des Unternehmens liegt in der Verlagsauslieferung des 1772 gegründeten Österreichischen Bundesverlages (ÖBV Verlagsauslieferung, später ÖBZ) (Medienlogistik Pichler-ÖBZ GmbH & Co. KG o.J.). Ein bekannter alteingesessener Verlagsauslieferer in Österreich war zudem die Dr. Franz Hain Verlagsauslieferungen GmbH, die jedoch 2018 Konkurs anmelden musste (DerStandard 2018). Ein Beispiel für ein Schweizer Unternehmen des Zwischenbuchhandels ist das 1882 gegründete Schweizer Buchzentrum, das Barsortiment und Verlagsauslieferung in sich vereint (Buchzentrum 2018). Es handelt sich dabei um eine genossenschaftliche Vereinigung von BuchhändlerInnen und VerlegerInnen; seit 2001 ist auch Libri mit 20 % am Schweizer Buchzentrum beteiligt. Das Schweizer Buchzentrum wickelt einen Großteil des Zwischenbuchhandels in der deutschsprachigen Schweiz ab, zusätzlich gibt es Verlagsauslieferer. AVA ist ein solches Verlagsauslieferungsunternehmen, das allerdings seit 2013 durch eine Kooperation mit dem deutschen Unternehmen Umbreit auch ein Barsortiment beinhaltet, um eine bessere Position im Wettbewerb mit dem Buchzentrum einnehmen zu können (AVA 2017; Börsenverein des Deutschen Buchhandels o.J.k; Buchzentrum 2018).

Beim **Bucheinzelhandel** können neben dem allgemeinen Sortiments-buchhandel u.a. der Fachbuchhandel, der Antiquariatsbuchhandel, der Bahnhofsbuchhandel, der Reise- und Versandbuchhandel und der Lehr-mittelhandel unterschieden werden. Zusätzlich werden Bücher aber auch in **anderen Geschäften des Einzelhandels** verkauft, etwa in Kauf- und Warenhäusern, in Tankstellen, im Spielwareneinzelhandel oder im Pa-pier-, Büro- und Schreibwareneinzelhandel (Wirtz 2016: 310). In Zeiten der Digitalisierung spielt zudem der **Online-Buchhandel** eine wachsende Rolle.

In geringem, aber durch die Möglichkeiten des Internets steigendem Umfang findet auch **direkter Vertrieb** von den Verlagen oder AutorInnen zu den LeserInnen statt. Nicht zuletzt ist der Vertrieb über **Buchclubs** zu nennen, die in Europa inzwischen aber eher eine Randerscheinung darstel-len. In beiden Fällen wird der Handel umgangen (ebd.: 272f., 287).

AkteurInnen, mit denen Verlage im Rahmen des (inter)nationalen Rechte- und Lizenzhandels in Kontakt stehen, sind **AgentInnen bzw. Agenturen** und **Scouts**. Für die Kreation von Content wird mit **AutorIn-nen** und **IllustratorInnen** zusammengearbeitet; eine wichtige Gruppe sind auch die **ÜbersetzerInnen**, die den Buchcontent in andere Sprachen überführen und dadurch Handel mit Büchern über die Sprachgrenzen hi-naus mitermöglichen. Diese Gruppen werden in Kapitel 3 näher beschrie-ben, da sie auf den Buchmessen wesentliche AkteurInnen und Zielgrup-pen darstellen, denen eigene Bereiche zugeordnet sind oder die mit spezifi-schen Angeboten angesprochen werden sollen; zu ÜbersetzerInnen enthält außerdem Kapitel 2.5.3 ausführlichere Informationen, da sie durch ihre Tätigkeit den internationalen Handel mit Büchern mitermöglichen.

Hinzu kommen die bereits erwähnten **abteilungsspezifischen Koope-rationsbetriebe** (z.B. Druckereien und Bindebetriebe in der Herstellung, Werbeagenturen im Marketing). Zur Wahrnehmung von Vergütungsan-sprüchen gibt es im Medienbereich außerdem **Verwertungsgesellschaf-ten**, im Falle des Mediums Buch z.B. die Verwertungsgesellschaft Wort (VG Wort) (ebd.: 285) oder die Literar-Mechana (vgl. Literar-Mechana o.J.).

1.4 Die Wertschöpfungskette in der Verlagswirtschaft – und ihre Veränderung im Zuge von Digitalisierung

Mit dem Ineinandergreifen der verschiedenen Verlagsabteilungen und Ko-operationspartnerInnen ist auch bereits zum Teil die Wertschöpfungskette der Buchwirtschaft angedeutet, wobei in der Literatur verschiedene, voneinander abweichende Modelle von Wertschöpfungsketten existieren. Teils ordnet die Literatur dabei auch Prozessschritte in zeitlicher Aufeinanderfolge an, die – wie sich aus Gesprächen mit VerlegerInnen sowie Diskussionen und Beobachtungen auf den Buchmessen erschließt – tatsächlich eher parallel, ineinander verschoben oder teils auch wiederholt stattfinden. Deswegen soll in diesem Kapitel unter Zusammenführung von Literatur (v.a. Prostka et al. (2011: 719) und Wirtz (2016: 286)) und von Erkenntnissen aus den Projekten ein eigenes Modell einer Wertschöpfungskette skizziert werden.

1.4.1 Die Wertschöpfungskette im Überblick

Die folgende Abbildung zeigt dieses Modell, das anschließend Stufe für Stufe beschrieben wird.

Abbildung 1: Wertschöpfungskette (eigene Darstellung basierend auf Prostka et al. (2011: 719), Wirtz (2016: 286) und Erkenntnissen aus den Projekten)

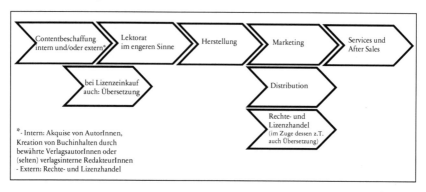

Die Wertschöpfungskette startet mit der **Contentbeschaffung**, die auf verschiedenen Wegen intern und/oder extern erfolgen kann. Verlage greifen intern entweder auf bewährte AutorInnen zurück oder akquirieren neue AutorInnen. Letzteres wird in dieser Darstellung ebenfalls als interne Beschaffung begriffen, insofern als der neue Autor/die neue Autorin zwar von außen kommt, aber dann einen Verlagsvertrag erhält und insofern sein/ihr Werk für den betreffenden Verlag verfasst bzw. ihm die Rechte an dem Manuskript überträgt (zumindest das „Hauptrecht", siehe Kapitel

1.2.4 zur Rechte- und Lizenzabteilung). In seltenen Fällen entsteht der Content unmittelbar durch VerlagsmitarbeiterInnen (RedakteurInnen). Extern findet Contentbeschaffung durch den Erwerb von Lizenzen statt.

Nach der Contentbeschaffung erfolgt das **Lektorat** im engeren Sinne. Wie in Kapitel 1.2.4 beschrieben, gibt es auch akquirierende LektorInnen, die bereits in der Wertschöpfungsstufe der Contentbeschaffung tätig werden. Auch im selteneren Fall des „schreibenden Lektorats" sind LektorInnen als AutorInnen/RedakteurInnen bereits Teil der ersten Wertschöpfungsstufe. Das Lektorat im engeren Sinne als zweite Wertschöpfungsstufe betrifft die AutorInnenbetreuung und gemeinsame Arbeit am Text, das klassische Lektorieren. Im Falle des Lizenzeinkaufs muss vor der Herstellung auch die **Übersetzung** des eingekauften Werkes durch ÜbersetzerInnen erfolgen.

Ist das Manuskript fertig, erfolgt die **Herstellung** des Buches, anschließend **Marketing, Distribution** und – im Falle, dass Lizenzen (z.B. zur Übersetzung in andere Sprachen, zur Herausgabe als Taschenbuch, zur Verfilmung, zur Vertonung) verkauft werden – wiederum **Rechte- und Lizenzhandel**.

Lizenzhandel findet wiederholt statt, insofern als er im Sinne des Einkaufs an einer früheren Stelle der Wertschöpfungskette vor der Produktion, im Sinne des Verkaufs sowohl vor als auch nach der Produktion angesiedelt sein kann. So werden bei der Frankfurter Buchmesse an Verlagsständen immer wieder auch Bücher ausgelegt, auf deren Rücken ein Aufkleber signalisiert, in welche Länder und für welche Sprachen bereits Übersetzungslizenzen verkauft wurden und welche folglich noch zu erwerben wären (Feldnotizen FBM 2016). Umgekehrt werden „[e]rfolgversprechende Publikationen [...] meist lange vor ihrer Erstveröffentlichung durch eine entsprechende Rechtevergabe für die nationale oder internationale Vermarktung vorbereitet" (Prostka et al. 2011: 725). Es geht dabei darum, Buchkonzepte, die noch in der Planung sind und Potential haben, zu entdecken und sich die Rechte daran vor der Konkurrenz zu sichern (ebd.). Genau genommen findet auch Übersetzung nicht nur im vorderen Bereich der Wertschöpfungskette statt, sondern auch im Hinblick auf den Verkauf von Lizenzen müssen (z.B. für Rechtekataloge, Broschüren, Zeitschriften) Inhaltszusammenfassungen bzw. Textproben übersetzt werden.

Mit **Services und After Sales** ist die Weiterpflege der KundInnenbeziehung über den Kauf hinaus gemeint. Diese wurde in der Buchbranche laut Prostka et al. (ebd.: 724, 732f., 736) bislang eher vernachlässigt, während sie in der Unterhaltungselektronik und Informationstechnologie wertschöpfungstechnisch schon lange hochrelevant ist. Aufgrund von digitalen

Entwicklungen ist zu erwarten, dass KundInnen auch in der Buchbranche verstärkt technische Unterstützung (z.B. für E-Book-Reader) benötigen, digitale Zusatzinhalte nachfragen oder sich über digitale Leseproben Anregung für Folgekäufe holen (ebd.).

1.4.2 Digitalisierung der Buchwertschöpfungskette

Fest steht, dass klassische Wertschöpfungsketten durch Digitalisierung in vielfacher Hinsicht herausgefordert werden und sich dementsprechend stark in Veränderung befinden. Digitalisierung eröffnet z.B. verschiedene Formen der **Disintermediation**, d.h. bestimmte Stufen oder AkteurInnen der klassischen Wertschöpfungskette können übersprungen werden. Beispielsweise erleichtert Digitalisierung das Publizieren von Büchern im Selbstverlag. Via Self-Publishing-Plattformen können AutorInnen ihre Werke in digitaler Form veröffentlichen und sich somit an LeserInnen wenden, ohne auf einen Verlag oder den stationären Buchhandel angewiesen zu sein. Veröffentlichungen im Selbstverlag waren zwar auch unter analogen Bedingungen möglich, jedoch mit beträchtlichen finanziellen Aufwänden für Druck und Binden und eingeschränkten Möglichkeiten der Distribution verbunden. Aber auch Verlage erhalten durch die Nutzung eigener Online-Plattformen erweiterte Möglichkeiten des Direktvertriebs ihrer Bücher unter Umgehung des Zwischen- und Einzelhandels. KundInnen können auf diese Weise direkt beim Verlag bestellen. Auch für den Vertrieb von E-Books benötigt ein Verlag den Zwischen- und Einzelhandel nicht. Von den Online-Plattformen des verbreitenden Buchhandels können sich Verlage sogar abheben, indem sie auf ihren eigenen Online-Plattformen auch Zusatzmaterial (z.B. Interviews mit AutorInnen, vertiefende Informationen) zur Verfügung stellen. Ebenso können Verlage Print On Demand-Systeme wie die Espresso Book Machine (siehe später in diesem Kapitel) an öffentlichen Orten installieren, was jedoch kostspielig ist (ebd.: 714–744; Schönstedt/Breyer-Mayländer 2010: 203; Wirtz 2016: 281).

Neue Technologien führen außerdem dazu, dass auch **neue, ursprünglich branchenfremde WettbewerberInnen** den Buchmarkt betreten, wodurch Verlage und Buchhandel in Bedrängnis geraten, sie „verlieren Teile ihrer traditionellen Wertschöpfung" (Prostka et al. 2011: 736). Dies trifft v.a. auf die späteren Wertschöpfungsstufen in den Bereichen Distribution, Marketing und After Sales zu, wo Unternehmen wie Amazon, Apple und Google inzwischen eine große Rolle spielen.

In früheren Wertschöpfungsstufen eröffnen sich Verlagen und Buch-händlerInnen jedoch **neue Potentiale**. Für die **Entdeckung von AutorIn-nen und Buchinhalten** beispielsweise stellen Self-Publishing-Plattformen eine wertvolle Quelle dar (ebd.: 724, 736; Wirtz 2016: 281). Teilweise fun-gieren Verlage bereits als PartnerInnen von Self-Publishing-Plattformen, aus denen erfolgversprechende AutorInnen auch ins reguläre Programm übernommen werden (Feldnotizen FBM 2016; Prostka et al. 2011: 736; Wirtz 2016: 281); die Verlage Droemer Knaur, Kiepenheuer & Witsch, Pi-per und Rowohlt kooperieren z.B. mit der Self-Publishing Plattform Neobooks (www.neobooks.com). Technologien wie **Reader Analytics** stellen darüber hinaus bei digitalen Büchern Möglichkeiten bereit das Er-folgspotential auf Basis von direkt beobachtetem LeserInnenverhalten ein-zuschätzen, mittels Leseproben, aber – im Falle der Plattform Jellybooks (www.jellybooks.com) – auch für Buchvollversionen, die vor ihrer Veröf-fentlichung für TestnutzerInnen freigegeben werden. Derzeit werden die gewonnenen Informationen v.a. für Marketingzwecke verwendet, d.h. im hinteren Teil der Wertschöpfungskette. Entscheidungen wie, welche Ziel-gruppe mit dem Buch konkret angesprochen werden soll, ob mit einem hohen oder niedrigen Marketingbudget gearbeitet werden soll oder wel-ches Cover sich für das Buch eignet, können durch Reader Analytics unter-stützt werden (Buchreport 2017b). Im Bereich After Sales können Verlage mittels Reader Analytics Schlüsse über Erfolgsfaktoren ziehen, die bei der Produktion neuer Titel oder der künftigen AutorInnenakquise berücksich-tigt werden können. Denkbar wäre aber auch auf Basis von LeserInnenda-ten frühzeitig im Produktionsprozess Entscheidungen zu treffen, wenn z.B. aus einer Leseprobe abgeleitet werden kann, dass diese mehrheitlich nicht fertig gelesen oder kaum weiterempfohlen wurde. Gerade im Sach-buchbereich können mit Reader Analytics auch Ideen für neue Bücher identifiziert werden. So kann zum Thema eines Kapitels, das in einem he-terogener angelegten Sammelband besonderes LeserInneninteresse gene-riert hat, eine Monografie verfasst werden, wie in einer Podiumsdiskussion auf der Frankfurter Buchmesse 2016 festgehalten wurde (Feldnotizen FBM 2016).

Den **Handel mit Rechten und Lizenzen** betreffend schafft das Internet gerade für kleinere AkteurInnen bessere **Zugangsmöglichkeiten**. Insbe-sondere kleine Publikumsverlage verfügen oft nicht über die für den Li-zenzhandel erforderliche enge Vernetzung mit internationalen Agenturen. Online-Lizenzplattformen wie die vom Börsenverein des Deutschen Buch-handels eingerichtete IPR Instant Permissions, ehemals MVB Rights Link

(Feldnotizen FBM 2017), bedeuten eine kostengünstige Erweiterung ihres Spielraumes beim Lizenzhandel (Prostka et al. 2011: 725, 736).

In der Wertschöpfungsstufe der **technischen Produktion** tragen digitale Verfahren dazu bei, **Risiken zu reduzieren**. Die hohen Fixkosten, die beim klassischen Offsetdruck unabhängig von der produzierten Auflage entstehen, fallen beim Digitaldruck nicht an. Auf diese Weise können auch kleinere Auflagen kostengünstig produziert oder bei Bedarf nachgedruckt werden, um die Backlist zu erweitern, bzw. können es sich Verlage leisten auch nicht so nachfragestarke Werke herzustellen. Mithilfe von Print On Demand können Bücher auch völlig bedarfsgerecht erst am Point of Sale, d.h. im verbreitenden Buchhandel, auf Basis von digitalen Druckvorlagen produziert werden (ebd.: 725–728; Wirtz 2016: 281). Auf der Frankfurter Buchmesse 2016 wurde beispielsweise die Librairie des Puf (https://www.cql.fr/librairie/librairie_des_puf) vorgestellt, eine Buchhandlung des größten französischen Universitätsverlags Presses Universitaires de France (Puf), in deren Verkaufsräumen kein einziges physisches Buch steht. Stattdessen können sich KundInnen via Tablet einen Eindruck vom umfangreichen digitalen Sortiment (mehrere Millionen Titel) verschaffen und bei Bedarf Bücher von der Espresso Book Machine (http://www.onde mandbooks.com/) ausdrucken lassen (Feldnotizen FBM 2016). Neben den geringeren Kosten für den Digitaldruck wirkt sich hier als Vorteil die Unabhängigkeit von der verfügbaren Regalfläche aus (Prostka et al. 2011: 725f., 736). Neue Herstellungstechniken sind also aufs Engste mit neuen Distributionsmöglichkeiten verknüpft.

Risiken für Verlage ergeben sich **auf Produktionsebene** dadurch, dass AutorInnen via Print On Demand nicht mehr zwingend auf Verlage für die Publikation ihrer Werke angewiesen sind und auch AnbieterInnen wie Amazon Print On Demand-Dienstleistungen zur Verfügung stellen. Es gibt bereits eine Reihe von AutorInnen, die über Print on Demand zu breitem Erfolg gelangt sind, z.B. die Fantasyautorin Amanda Hocking (ebd.: 727), deren Manuskripte über Jahre von Verlagen und AgentInnen abgelehnt wurden und der binnen weniger Monate mit selbstverlegten E-Books auf Amazon der Durchbruch gelang. Inzwischen erscheinen ihre Bücher bei Random House (Massow 2012: 411). Prostka ct al. (2011: 727) gehen davon aus, dass solche Phänomene künftig noch mehr Unternehmen auf den Plan rufen werden, die damit beginnen „ehemals verlagstypische Leistungen an[zu]bieten".

1.5 Erlösmodelle in der Buchbranche

Medienunternehmen bewegen sich üblicherweise auf zwei Märkten – dem RezipientInnenmarkt und dem Werbemarkt, wobei es ein Spezifikum der Buchbranche darstellt, dass der Werbemarkt für Buchverlage nur ausnahmsweise von Relevanz ist. Von Sachbüchern abgesehen gibt es keine Buchgattungen, in denen Anzeigen geschaltet werden, insofern fallen überwiegend keine Anzeigenerlöse an. In dieser Hinsicht unterscheiden sich Buchverlage von Zeitungsverlagen, für die der Werbemarkt eine starke Erlösquelle darstellt. Für Buchverlage entsteht der Großteil der Erlöse auf den RezipientInnenmärkten, d.h. durch den Verkauf der Bücher an die LeserInnen über die verschiedenen genannten Distributionswege. Eine früher starke Sonderform des Buchverkaufs, die in Europa immer seltener wird, ist das Buchclubgeschäft. KundInnen schließen dabei ein Abonnement ab, verpflichten sich damit, in einem definierten Zeitraum (z.B. einmal im Quartal) ein Buch zu kaufen, und bekommen dafür günstigere Preise. Tätigt der Kunde/die Kundin keine Bestellung, wird ihm/ihr ein vom Unternehmen ausgewähltes Buch zugesandt und abgerechnet (Wirtz 2016: 287, 289f.). Die Konkurrenz durch Online-HändlerInnen hat die Buchclubs zusehends geschwächt. Beispielsweise gab Bertelsmann Ende des Jahres 2015 seinen ehemals sehr erfolgreichen „Club Bertelsmann" endgültig auf, nachdem schon in den Jahren zuvor ausländische Clubtöchter verkauft und Inlandsfilialen geschlossen worden waren (Handelsblatt 2014).

Neben dem Verkauf von Büchern auf den RezipientInnenmärkten ist der bereits beschriebene Handel mit Rechten und Lizenzen eine wesentliche Erlösform (Wirtz 2016: 289).

Eine große Rolle bei der Generierung von Erlösen spielen produktpolitische Entscheidungen und Entwicklungen – etwa, ob in der Programmstruktur stärker auf Backlisttitel[16] oder (ökonomisch riskante) Novitäten[17] gesetzt wird oder ob es überhaupt gelingt, eine stabile Backlist aufzubauen. Wie rasch, wie lange und in welchem Umfang Erlöse mit einem Buch generiert werden können, hängt auch von dessen Lebenszyklus ab und dieser ist – neben dem individuellen Erfolg am Markt – laut Wirtz (ebd.: 304f.) und Lucius (2007: 77) auch in hohem Maße abhängig von der Buch-

---

16 Verlagstitel, die keine Novitäten mehr sind, aber nach wie vor zum Sortiment des Verlags gehören, d.h. lieferbar sind (Börsenverein des Deutschen Buchhandels o.J.)

17 die Neuerscheinungen der jeweiligen Saison

gattung. Belletristische Bücher erlangen schneller Akzeptanz am Markt als Fachbücher. Der Absatz eines belletristischen Werks – sofern es nicht schon nach kurzer Zeit floppt – wächst angekurbelt durch Rezensionen, Bestseller-Listen und Empfehlungen relativ schnell bis zum Erreichen des Verkaufshöhepunkts an. Hier entscheidet sich, ob die Absatzzahlen wieder sinken oder ob „eine Stagnation auf einem hohen Niveau" (Wirtz 2016: 305) eintritt und sich das Buch ungefähr gleichbleibend verkauft (Lucius 2007: 77; Wirtz 2016: 304f.). Bei wissenschaftlichen Fachbüchern dauert es deutlich länger, üblicherweise Jahre, bis sie – wiederum, sofern sie nicht schon vorher floppen – ihr volles Umsatzpotential zeigen und sich eventuell sogar zu einem stabil verkauften, weil in der Scientific Community etablierten und in Vorlesungen verwendeten Standardwerk entwickeln (Lucius 2007: 77; Wirtz 2016: 305). In Belletristikverlagen entfallen also in der Regel überproportionale Umsatzanteile auf Novitäten, in Fachbuchverlagen auf Backlisttitel (Lucius 2007: 77).

Ganz generell aber ist die Backlist „das ‚Kapital' eines Verlags [...]. Sie trägt in der Regel wesentlich zum Umsatz des Verlags bei" (Börsenverein des Deutschen Buchhandels o.J.l); für jeden Verlag ist also der Aufbau und Erhalt einer Backlist wichtig. Dabei können Verlage auch auf Möglichkeiten zurückgreifen, die Digitalisierung bietet, um bewährte Bücher weiterhin attraktiv zu halten. So begann Oetinger im Frühjahr 2016 Kinderbücher aus der Backlist unter dem Markennamen „Superbuch" (http://superb uch.de/) als Augmented Reality Books aufzubereiten, weitere Kinderbuchverlage schlossen sich an. Die für die Nutzung der digitalen Erweiterungen erforderliche App wird gratis zur Verfügung gestellt. Das Erlösmodell besteht also darin, dass die digitalen Erweiterungen zum Erwerb von Büchern aus der Backlist anregen sollen (Buchreport 2015; Feldnotizen FBM 2016).

Solche Strategien sind umso mehr von Bedeutung, als sich Bücher allgemein immer weniger lange auf dem Markt halten. Der Lebenszyklus von Büchern wird zunehmend kürzer, wie auch Huemer (2010: 9) festhält:

> „Wird ein Buch nicht schon möglichst vor seinem Erscheinen im Handel durch ständige Präsenz in den Medien oder spätestens während seiner ersten Verkaufswochen zum Renner, wird kaum ein Verlag weiterhin Energie und Geld in seinen Erfolg investieren, der Buchhändler reagiert seinerseits mit Remission, um in Lager und Auslage Platz für die folgenden Neuerscheinungen zu machen."

Preispolitisch gibt es aufgrund der Buchpreisbindung (für Details siehe Kapitel 1.6) im deutschen und österreichischen Buchmarkt wenig Gestaltungsspielraum. Nachträgliche Berichtigungen von Preisen, weil der Absatz anders ausfällt als prognostiziert, sind kaum möglich, die Prognosen selbst ungleich schwieriger als bei Zeitungen oder Zeitschriften, die periodisch erscheinen (Wirtz 2016: 307f.). Sowohl in Österreich als auch in Deutschland erstreckt sich die Buchpreisbindung auch auf E-Books (WKO Buch- & Medienwirtschaft 2014; Börsenverein des Deutschen Buchhandels o.J.m). Allerdings können unter Nutzung von Verwertungsketten auch niederpreisige Ausgaben eines Titels verkauft (Schumann et al. 2014: 72) bzw. kann auf diese Weise auch der Verkauf eines Titels noch einmal angekurbelt werden (Wirtz 2016: 305). Bei dieser Form der Mehrfachverwertung von Inhalten werden diese „nicht zeitgleich, sondern zeitlich nacheinander im Markt positioniert und damit in Versionen ausdifferenziert. Ziel ist es, Produkte so auszudifferenzieren, dass unterschiedliche Zahlungsbereitschaften optimal abgeschöpft werden können." (Schumann et al. 2014: 72) Häufig werden Bücher zuerst als Hardcover aufgelegt, danach als broschiertes Buch und schließlich als Taschenbuch, bevor sie dem modernen Antiquariat zugeführt werden (ebd.). Für Restauflagen und Mängelexemplare, die über das moderne Antiquariat verkauft werden, ist die Buchpreisbindung aufgehoben (Börsenverein des Deutschen Buchhandels o.J.n). Laut Wirtz (2016: 308) ist unter LeserInnen allgemein ein Sinken der Zahlungsbereitschaft zu beobachten, weswegen Taschenbücher, Sonderausgaben und moderne Antiquariate immer wichtiger werden. Wie hoch der Preis für einen Titel angesetzt werden kann, hängt außerdem davon ab, ob der Autor/die Autorin bekannt oder unbekannt ist, denn die Preiselastizität der Nachfrage ist bei unbekannten AutorInnen höher. Während Neuerscheinungen bekannter AutorInnen als teures Hardcover herausgebracht werden können, ist bei unbekannten AutorInnen eine „Erstveröffentlichung als preiswerte Taschenbuchausgabe" (ebd.) oft empfehlenswerter. Außerdem ist das gewählte Preissegment des Verlages zu beachten, damit der Preis des Titels nicht im Widerspruch mit dem jeweiligen Image – Niedrigpreisimage, Hochpreisimage – steht und KundInnen verschreckt (ebd.)

1.6 *Institutionen der Verlagswirtschaft: Bestsellerlisten, Buchpreisbindung, Branchenverbände*

Das wirtschaftliche Handeln von AkteurInnen hat immer auch institutionelle Rahmungen. Zu den charakteristischen Institutionen in der Buchbranche gehören u.a. Bestsellerlisten, die Buchpreisbindung und Branchenverbände.

Bestsellerlisten

Nicht nur die Backlist eines Verlages, sondern auch Novitäten werden öffentlichkeitswirksam vermarktet, um ein Maximum an Erlösen zu generieren. Eine besondere Rolle im Rahmen der Kommunikationspolitik in der Buchbranche spielen Bestsellerlisten; sie sind ein wesentliches Instrument der Verkaufsförderung.[18]

In den meisten Ländern gibt es trotz einer prinzipiellen Vielfalt von Bestsellerlisten eine besonders wichtige und bekannte Liste, an der sich die AkteurInnen in erster Linie orientieren. Die wichtigste Bestsellerliste in Deutschland ist die SPIEGEL-Liste, aber auch andere Zeitschriften wie FOCUS, STERN, DIE ZEIT oder das Börsenblatt veröffentlichen – nach jeweils unterschiedlichen Chart- und Zeitkriterien – Bestsellerlisten. Zwei hart miteinander konkurrierende Marktforschungsunternehmen erheben in Deutschland auf unterschiedliche Weise Verkaufsdaten, die zur Grundlage von Bestsellerlisten gemacht werden: Media Control und Gfk. Zeitschriften, die Bestsellerlisten abdrucken möchten, erwerben dann entweder die Rohdaten oder die Publikationsrechte an fertigen Listen, wie auf der Frankfurter Buchmesse 2017 in persönlichen Gesprächen mit VertreterInnen beider Unternehmen und auf einer Podiumsdiskussion mit einem Mitarbeiter von Media Control erklärt wurde (Feldnotizen FBM 2017). Der Börsenverein des Deutschen Buchhandels kooperiert für die Bestsellerlisten in seinem Börsenblatt mit Media Control, auch die SPIEGEL-Liste geht auf Media Control Daten zurück (Börsenverein des Deutschen Buchhandels o.J.o). Die SPIEGEL-Liste ist auch in Österreich sehr einflussreich. Daneben gibt es die vom Hauptverband des Österreichischen Buchhandels veröffentlichten Bestsellerlisten, die auf Media Control Daten basieren

---

18 Einer frühen und heute noch vielzitierten Definition von Marjasch (1946:18) zufolge handelt es sich bei Bestsellern um Bücher, die sich in einem bestimmten festgelegten Zeitraum im Vergleich zu anderen Büchern auf dem Markt besonders gut verkaufen. Dieser Zeitraum kann länger oder kürzer sein, dementsprechend kann z.B. zwischen Wochenbestsellern, Monatsbestsellern und Jahresbestsellern unterschieden werden. Entwickelt sich der besondere Verkaufserfolg des Buches über mehrere Messperioden, d.h. mehrere Wochen, Monate oder sogar Jahre, spricht Marjasch von einem „steady bestseller" (ebd.:16). Bestseller können also Novitäten, aber auch besonders erfolgreiche Backlisttitel sein (ebd.:15f.).

(Hauptverband des Österreichischen Buchhandels o.J.a) sowie die Schwarzer Bestsellerlisten, die vom Verlagsbüro Schwarzer auf Basis von Panel-Erhebungen erstellt werden (Börsenverein des Deutschen Buchhandels o.J.o). Ein wichtiger Player im Bereich der Buchmarktforschung ist auch Nielsen – dieses Marktforschungsinstitut generiert Bestsellerlisten für die USA, Australien, Neuseeland und Großbritannien (Nielsen 2018). In den USA wird dieses Ranking über die Zeitschrift Publishers Weekly veröffentlicht, in Großbritannien über die Zeitschrift The Bookseller. In Frankreich veröffentlicht Livres Hebdo Bestsellerlisten auf Basis von Buchmarktdaten der Gfk (Buchreport 2018f).

Der Konkurrenzkampf von Media Control und Gfk in Deutschland erfüllte die Branche in den Jahren 2014 bis 2016 mit Besorgnis. Von einem „Datenkrieg" (Buchmarkt 2016) war in manchen Quellen die Rede, da beide Unternehmen im Kampf um die bessere Marktabdeckung HandelspartnerInnen mittels Exklusivvertrag an sich banden und damit eine tatsächlich aussagekräftige Datenbasis unmöglich machten (Hauck 2016).

Die Bestseller der jeweiligen Listen werden von den BuchhändlerInnen im Geschäft mittels eigener Bestsellerregale in Szene gesetzt. Das Bestsellerregal generiert Aufmerksamkeit bei den KundInnen: Durch die Platzierung im Bestsellerregal verkauft sich ein Buch besser als es sonst (in einem gewöhnlichen Regal stehend oder auf einem Tisch liegend) der Fall wäre, wie BuchhändlerInnen bei einer Podiumsdiskussion auf der Frankfurter Buchmesse 2017 übereinstimmend festhielten. Gleichzeitig haben Bestsellerlisten nicht nur Einfluss auf die EndkundInnen, sondern auch auf das Einkaufsverhalten der HändlerInnen selbst. Wiederholt betonten BuchhändlerInnen bei der Diskussion, dass sie bestimmte erfolgreiche Bücher nicht wahrgenommen und folglich nicht ins Sortiment aufgenommen hätten, wären sie nicht Teil einer Bestsellerliste gewesen. Fotos von Bestsellerregalen wurden bei der Diskussion gezeigt, Empfehlungen für die Gestaltung solcher Regale gegeben (Feldnotizen FBM 2017). Aus dieser Praxis ergibt sich ein selbstverstärkender Kreislauf: Bücher, die sich ohnehin bereits gut verkaufen, werden von noch mehr Buchhandlungen eingekauft und im Geschäft besonders aufmerksamkeitsstark präsentiert, woraufhin sie sich bei den EndkundInnen noch besser verkaufen. Wie ein Buchhändler auf der Frankfurter Buchmesse in einem persönlichen Gespräch festhielt, sind die Platzierungen der einzelnen Bücher im Bestsellerregal teilweise auch willkürlich. So wird auch einmal ein neuer Dan Brown- oder Ken Follett-Titel, zu dem noch keine Verkaufsdaten existieren, auf Platz 1 ins Regal gestellt, weil zu vermuten ist, dass dieser Titel wieder sehr erfolgreich sein wird. Neben methodischen Problemen der Datenbasis, wenn keine ausreichende Marktabdeckung gegeben ist, und je nach Liste unterschiedlichen Chartkriterien[19], die Platzierungen mitbeeinflussen, wird also mitunter auch direkt ins Ranking eingegriffen. Bei den Bestsellerregalen geht es nicht um statistische Korrektheit, sondern in erster Linie um Verkaufsförderung über die Generierung von Aufmerksamkeit (Feldnotizen FBM 2017).

Manche Buchhandlungen entwickeln auch eigene Listen und platzieren die gerade aktuellen Lieblingsbücher der MitarbeiterInnen in einem speziellen Regal. Diese Bestenlisten sind von Bestsellerlisten zu unterscheiden, aber auch sie wirken aufmerksamkeitssteigernd bei den KundInnen und lösen erfahrungsgemäß Kaufanreize aus (Feldnotizen FBM 2017). Bestenlisten werden zum Teil auch von Radio- oder Fernsehstationen veröffentlicht. Auch diese sind keine Bestsellerlisten, die auf Verkaufszahlen basieren, sondern vertreten den Anspruch eines qualitativen Urteils im Sinne der Empfehlung besonders hochwertiger Literatur. Beispiele sind die ORF-Bestenliste, die von einem JurorInnenkreis aus LiteraturkritikerInnen und BuchhändlerInnen zusammengestellt wird (Hauptverband des Österreichischen Buchhandels o.J.b) oder die Sachbuchbestenliste von Deutschlandfunk Kultur, DIE ZEIT und ZDF, die auf der Frankfurter Buchmesse 2017 vorgestellt wurde (Feldnotizen FBM 2017; Deutschlandfunk/Deutschlandfunk Kultur 2017). Wie bei einem von Deutschlandfunk und Deutschlandfunk Kultur organisierten Podiumsgespräch festgehalten wurde, stellen Bestenlisten eine Möglichkeit dar, Aufmerksamkeit zu verschaffen: „Es hat eine Autorität. Es hat eine Ausstrahlung." (Feldnotizen FBM 2017)

Buchpreisbindung und reduzierte Mehrwertsteuer als Ausdruck des Kulturgutes Buch

Die Doppelrolle, die Medien als Kulturgüter einerseits und Wirtschaftsgüter andererseits einnehmen, kommt beim Buch besonders stark zum Ausdruck, denn es „wird als Medienprodukt mit dem höchsten kulturellen

---

19 Diese können ebenfalls durchaus manipulativen Charakter haben. Als Beispiel wurde bei einer Veranstaltung auf der Frankfurter Buchmesse genannt, dass auch der Preis eines Buches als Chartkriterium herangezogen werden kann. So kann etwa entschieden werden, Bücher mit einem Preis von unter 10 Euro unabhängig von ihrem Verkaufserfolg nicht in die Bestsellerliste mit aufzunehmen, um den Verkauf von höherpreisigen Büchern zu fördern (Feldnotizen FBM 2017).

Anspruch angesehen" (Wirtz 2016: 265). Das Selbstverständnis der Buchbranche fußt stark auf dem Kulturgut Buch (Lucius 2007: 17).

Ein zentrales Charakteristikum, das die Buchbranche aus diesem Grund in einer Reihe von Ländern von anderen Medienbranchen unterscheidet, ist die Buchpreisbindung. Vielzitiert ist in diesem Zusammenhang ein Urteilsspruch aus dem Jahr 1962, bei dem das britische Kartellgericht die Rechtmäßigkeit der Buchpreisbindung mit dem Satz „Books are different" begründete (ebd.; Rautenberg/Wetzel 2001: 63f.). Auch ermäßigte Mehrwertsteuersätze für Bücher haben in dieser Sonderstellung des Buches ihren Hintergrund.

Die Buchpreisbindung schreibt feste Ladenpreise für Bücher vor, d.h. ein Buch muss innerhalb eines Staates an allen Verkaufsstellen zum selben, einheitlich festgelegten Preis erhältlich sein. Bestimmt werden die EndverbraucherInnenpreise durch die Verlage (Cornils 2010: 257; Wirtz 2016: 274).

Buchpreisbindungssysteme können auf Handelsebene, d.h. durch Vereinbarungen zwischen den relevanten AkteurInnen oder durch entsprechende Statuten von Branchenvertretungen, eingeführt oder aber gesetzlich verankert werden.

Laut dem „Global Fixed Book Price Report" der International Publishers Association (2014) gibt es Buchpreisbindungssysteme seit über 150 Jahren. Das erste Land, in dem eine Vereinbarung über feste Buchpreise getroffen wurde, war Großbritannien im Jahr 1829, Dänemark folgte im Jahr 1837. Der Börsenverein des Deutschen Buchhandels nahm 1888 fixe Preise in seine Statuten auf, verbunden mit Sanktionen für Mitglieder, die von der Vereinbarung abwichen. Ein Jahr später, 1889, führte der französische Cercle de la Librairie ein System ein, bei dem die Buchpreise für den Einzelhandel von den Verlagen vorgegeben wurden. Auf Regierungsebene wurde ein Buchpreisbindungssystem erstmals 1924 in Frankreich eingeführt, 1981 folgte das nach dem damaligen Kulturminister Jack Lang benannte „loi Lang", das in zahlreichen Staaten als Vorbild für die dortigen Buchpreisbindungssysteme diente. In Deutschland wurde die Buchpreisbindung 2002 auf Gesetzesebene gehoben. Vorreiter Großbritannien hingegen schaffte die Buchpreisbindung 1995 wieder ab. Auch andere Staaten, die bereits Buchpreisbindungssysteme etabliert hatten, hoben diese zu unterschiedlichen Zeitpunkten wieder auf – etwa in den 1970er-Jahren Schweden, Finnland und Australien sowie in den 1990er-Jahren Irland und die Schweiz (ebd.).

Die Buchpreisbindung ist also keinesfalls ein universelles Phänomen, und wo Buchpreisbindungssysteme vorhanden sind, werden sie in den Details unterschiedlich ausgestaltet. Je nach Land variiert etwa die Anwendungsdauer (nach welchem Zeitraum ein Buch auch zu reduzierten Preisen verkauft werden kann), der konkrete Anwendungsbereich (z.B. ob auch E-Books von der Buchpreisbindung erfasst sind) oder ob und in welchem Ausmaß Rabatte für bestimmte AbnehmerInnen (z.B. Schulen, Bibliotheken) oder zu bestimmten Anlässen (z.B. Buchmessen) gestattet sind. Beispielsweise beträgt die Dauer der Buchpreisbindung in Österreich zwei Jahre ab Veröffentlichung, in Portugal 18 Monate und in Slowenien 6 Monate. In Österreich kann Bibliotheken 10 % Rabatt gewährt werden, in Frankreich 9 %, in Norwegen 20 % (ebd.). Von Seiten des Europäischen Parlaments gibt es Cornils (2010: 257f.) zufolge schon seit 1993 Bemühungen um Vereinheitlichung sowohl die Buchpreisbindung als auch die Besteuerung von Büchern betreffend. Konkret sei das Europäische Parlament für ein europaweites Buchpreisbindungssystem und eine Abschaffung der Mehrwertsteuer auf Bücher, Zeitungen und Zeitschriften (ebd.). Wie die zuvor genannten Beispiele zeigen, ist die Buchpreisbindung aber nach wie vor heterogen geregelt.

Im Zuge der Gespräche rund um das Handelsabkommen TTIP deklarierte sich die Europäische Kommission dagegen, dass die Buchpreisbindung – wie von den USA beabsichtigt – zum Gegenstand von Verhandlungen gemacht wird. In jenen Mitgliedstaaten, die derzeit ein Buchpreisbindungssystem haben, solle dieses auch im Falle der Unterzeichnung von TTIP weiterbestehen (European and International Booksellers Federation 2015). 2018 wurde in Deutschland Besorgnis laut, dass die Buchpreisbindung bald abgeschafft werden könnte. Ursache ist ein Gutachten der deutschen Monopolkommission, die ihre Forderung nach Aufhebung der Buchpreisbindung mit einem Urteil des Europäischen Gerichtshofs begründet. Dieser hatte bereits 2016 festgehalten, dass die deutsche Arzneimittelpreisbindung der europäischen Warenverkehrsfreiheit widerspreche. Die Monopolkommission vermutet nun, dass analog dazu auch die Buchpreisbindung bald als widersprüchlich zum EU-Recht eingestuft wird, während der Börsenverein auf die mangelnde Vergleichbarkeit von Arzneimitteln und Büchern hinweist (Börsenblatt 2018). Der US-amerikanische Buchmarkt hat keine Buchpreisbindung (Cornils 2010: 259). Laut Cornils (ebd.) war diese Tatsache auch einer von mehreren Einflussfaktoren auf die Abschaffung der Buchpreisbindung in Großbritannien: Die USA sind ein wichtiger Absatzmarkt für britische Literatur.

Die Standpunkte zur Buchpreisbindung sind höchst unterschiedlich. BefürworterInnen der Buchpreisbindung beziehen sich auf das Buch als Kulturgut, das als solches besonders schützenswert ist. Deswegen soll mittels

Buchpreisbindung Vielfalt sowohl auf Inhalts- als auch auf AnbieterInnen-
ebene gesichert werden. Freie Ladenpreise würden ungleiche Bedingungen
zwischen kleinen BuchhändlerInnen und großen Ketten schaffen, da Letztere durch Großeinkäufe Rabatte erzielen und stark nachgefragte Bücher
für EndverbraucherInnen günstiger anbieten könnten. In der Folge wäre
die Existenz kleiner BuchhändlerInnen gefährdet, zudem würden qualita-
tiv hochwertige, aber schwer verkäufliche Bücher aus den Buchhandlungs-
sortimenten verschwinden oder nur zu sehr hohen Preisen angeboten werden. Die Buchpreisbindung hingegen ermögliche die Querfinanzierung
von weniger absatzkräftigen oder auch riskanten Titeln, deren Erfolg noch
nicht absehbar ist (etwa Werke von NeuautorInnen oder zu Spezialthe-
men, die nicht die breite Masse ansprechen). Auch die Verfügbarkeit einer
Buchvielfalt in abgelegenen Gegenden werde durch die Buchpreisbindung
unterstützt. Für die KonsumentInnen seien die durchschnittlichen Buchpreise niedriger als unter freien Marktbedingungen (ebd.: 257; European
and International Booksellers Federation 2015; International Publishers
Association 2014; Kreutzer Fischer & Partner 2016; Röhring 2011: 13;
Wirtz 2016: 275).

GegnerInnen der Buchpreisbindung beziehen sich auf das Buch als
Wirtschaftsgut. Sie plädieren für freie Marktbedingungen, da sie Nachteile
für die KonsumentInnen sehen, die höhere Preise für Bücher bezahlen
müssen, als sich aus dem freien Spiel der Kräfte auf dem Markt ergeben
würden. Die Buchpreisbindung führe demnach zu einer künstlichen Preis-
erhöhung. HändlerInnen sollten ihrer Meinung nach Preise auf Basis der
tatsächlichen Nachfrage festsetzen dürfen. Die Argumente der BefürworterInnen hinsichtlich Quersubventionierung stellen sie infrage und betonen,
dass gewinnbringendes Wirtschaften die wichtigste Voraussetzung für
Quersubventionierung sei (International Publishers Association 2014). Außerdem verhindere die Buchpreisbindung den Wettbewerb (Cornils 2010:
257).

Unabhängig von Dafür- oder Dagegenhalten wird von manchen aber
auch die Wirkung der Buchpreisbindung infrage gestellt. Das Beraternetz-
werk Kreutzer Fischer & Partner (2016) hält in seiner Studie fest, dass die
Buchpreisbindung ihre beabsichtigten Wirkungen nur eingeschränkt er-
ziele. Da die Buchpreisbindung nur die Verkaufspreise erfasst, nicht aber
die Einkaufspreise, hätten große Ketten und OnlinehändlerInnen gegenüber kleineren Konkurrenzunternehmen dennoch Vorteile beim Einkauf:
„Bei Bestsellern, die etwa 57 % des Gesamtumsatzes ausmachen, liegen die

Rabatte bei bis zu 50 Prozent [sic!][20]." (ebd.) In Kombination mit den gebundenen Verkaufspreisen ergeben sich aus den Rabatten für große Buchhandelsunternehmen höhere Margen, mit denen sie ihre Standorte ausbauen, aber auch ihre Lager vergrößern können, wodurch eine größere Zahl von Büchern für KundInnen sofort verfügbar ist (ebd.). Angesichts diverser Umgehungsmöglichkeiten bezeichnet Haupt (2016) die Buchpreisbindung für E-Books, die in Deutschland 2016 eingeführt wurde, als „zahnlose[n] Tiger". Beispielsweise fallen E-Book-Flatrates wie Kindle Unlimited in die Kategorie Verleih (nicht Verkauf), wodurch die Preisbindung entfällt (ebd.). Auch durch die Auszeichnung eigentlich unbeschadeter Bücher als Mängelexemplare wird die Buchpreisbindung mitunter umgangen (Cornils 2010: 259).

Auch die Höhe der Umsatzsteuersätze auf Bücher ist innerhalb Europas höchst unterschiedlich geregelt. Vielfach ist die Umsatzsteuer auf Bücher im Vergleich zum Regelsteuersatz reduziert. So werden auf Bücher in der Schweiz 2,5 % (statt 8 %), in Deutschland 7 % (statt 19 %), in Österreich 10 % (statt 20 %) eingehoben – in allen drei Ländern handelt es sich um denselben Steuersatz, der auch auf Lebensmittel angewendet wird (Börsenverein des Deutschen Buchhandels o.J.p; Schweizerische Bundeskanzlei 2018; Unternehmensservice Portal/Bundesministerium für Finanzen 2017). In Großbritannien sind Bücher seit der Abschaffung der Buchpreisbindung von der Mehrwertsteuer befreit (Cornils 2010: 260). In Bulgarien und Dänemark hingegen unterliegt die Besteuerung von Büchern keinen Besonderheiten. Hier wird der allgemeine Steuersatz von 20 % (Bulgarien) bzw. 25 % (Dänemark) angewandt. Auch die Mehrwertsteuer auf E-Books wird in den diversen europäischen Ländern unterschiedlich hoch angesetzt. Im Großteil der europäischen Länder wird auf E-Books der Regelsteuersatz angewandt, es gibt aber auch Ausnahmen mit reduzierter Umsatzsteuer, etwa Luxemburg und Slowenien (Börsenverein des Deutschen Buchhandels o.J.p).

Branchenverbände

Interessensvertretung ihrer Mitglieder, Vernetzung innerhalb der Branche, Infrastruktur für Handelsaktivitäten sowie verschiedene Service- und Unterstützungsleistungen bieten die Branchenverbände. Diese gibt es auf nationaler (z.B. Hauptverband des Österreichischen Buchhandels) wie auf in-

---

20 Die unterschiedliche Schreibung der Prozentangaben stammt aus dem Original.

ternationaler Ebene (z.B. International Publishers Association); sie können sich an die gesamte Branche richten (z.B. Börsenverein des Deutschen Buchhandels), an bestimmte Berufsgruppen in der Branche (z.B. Verband der Freien Lektorinnen und Lektoren) oder für die Verfolgung bestimmter Anliegen, Themen oder Zwecke eingerichtet sein (z.B. Branchenverband BücherFrauen/Women in Publishing). Manche Verbände beziehen sich rein auf die Buchbranche, bei anderen gibt es Überschneidungen zu benachbarten Branchen (z.B. Bundesverband Deutscher Buch-, Zeitungs- und Zeitschriften-Grossisten).

Der im deutschsprachigen Raum bekannteste Branchenverband ist der **Börsenverein des Deutschen Buchhandels.** Aufgrund seiner hohen Bedeutung als Organisator der Frankfurter Buchmesse wird er im Folgenden exemplarisch etwas ausführlicher beschrieben.

Der Börsenverein ist die Interessensvertretung der deutschen Buchbranche. Mit herstellendem Buchhandel, vertreibendem Buchhandel, Zwischenbuchhandel, Antiquariaten und VerlagsvertreterInnen sind alle drei Handelsstufen in ihm organisiert, was laut Angaben des Börsenvereins weltweit bei keiner anderen Branchenvertretung der Fall sein soll (Börsenverein des Deutschen Buchhandels o.J.q), während de facto seine Pendants aus Österreich und der Schweiz genauso aufgebaut sind (siehe später in diesem Kapitel). 4.657 Mitglieder zählt der Börsenverein im Jahr 2017 (Börsenverein des Deutschen Buchhandels o.J.r); die hohe Mitgliederzahl hat laut Rautenberg/Wetzel (2001: 87) auch damit zu tun, dass der Geschäftsverkehr in der Branche in hohem Maße über Einrichtungen des Börsenvereins läuft, wodurch eine Mitgliedschaft fast unumgänglich wird. Im Vergleich von Rautenbergs/Wetzels (ebd.) Angaben zur Mitgliederzahl (7.000) und jenen des Börsenvereins wird aber auch deutlich, dass der Börsenverein im Laufe der Jahre zahlreiche Mitglieder verloren hat. Der Börsenverein hält auf seiner Website ein Liniendiagramm bereit, das den sukzessiven Mitgliederrückgang dokumentiert. Begründet wird dieser mit starken Konzentrationsprozessen in der Buchbranche, die dem Diagramm zufolge beim verbreitenden Buchhandel ganz besonders ausgeprägt sind. So sank die Mitgliederzahl unter den Buchhandlungen von 4.874 im Jahr 1998 auf 2.844 im Jahr 2017, die Mitgliederzahl unter den Verlagen sank im selben Zeitraum von 2.065 auf 1.644 (Börsenverein des Deutschen Buchhandels o.J.r).

In sich ist der Börsenverein neben dem Bundesverband, der in Frankfurt angesiedelt ist, weiter in Landesverbände untergliedert (Börsenverein des Deutschen Buchhandels o.J.q); es gibt außerdem auch eine längere Liste von Interessengruppen innerhalb des Börsenvereins zu unterschiedlichen

Themen und Branchenbereichen (z.B. IG Digital, IG Hörbuch, IG Vertrieb Belletristik und Sachbuch, IG unabhängige Verlage, IG Meinungsfreiheit) (Börsenverein des Deutschen Buchhandels o.J.s). Ein wesentlicher Zweck des Börsenvereins ist der Einsatz für bestmögliche wirtschaftliche und politische Rahmenbedingungen für die Buchbranche, in diesem Sinne meldet sich der Börsenverein immer wieder mit Statements zu branchenrelevanten Themen zu Wort, etwa zu Meinungsfreiheit, E-Books, Buchpreisbindung und Urheberrecht (Börsenverein des Deutschen Buchhandels o.J.q, o.J.t). Darüber hinaus unterstützt der Börsenverein seine Mitglieder durch verschiedene Serviceleistungen, dazu gehört z.B. die Möglichkeit, mit einem Platz am Gemeinschaftsstand an Buchmessen teilzunehmen, die Bereitstellung von Brancheninformationen (etwa durch das Börsenblatt) oder die finanzielle Unterstützung von unverschuldet in Not geratenen BuchhändlerInnen über das Sozialwerk (Börsenverein des Deutschen Buchhandels o.J.u).

Auch in Österreich und der Schweiz gibt es ähnlich arbeitende Branchenverbände. Der **Hauptverband des Österreichischen Buchhandels** vereint – wenngleich der deutsche Börsenverein dies als sein Alleinstellungsmerkmal beansprucht – VerlegerInnen, BuchhändlerInnen, BuchgrossistInnen, AuslieferInnen, VerlagsvertreterInnen und AntiquarInnen (Hauptverband des Österreichischen Buchhandels o.J.c, o.J.d) unter seinem Dach und zählt 460 Mitglieder (Hauptverband des Österreichischen Buchhandels o.J.e). Ebenso sind im **Schweizer Buchhändler- und Verleger-Verband** herstellender und vertreibender Buchhandel, Zwischenbuchhandel und „buchhandelsnahe Organisationen wie Verlagsvertreter oder Agenturen" aus der deutschsprachigen Schweiz organisiert (Schweizer Buchhändler- und Verleger-Verband o.J.a). Das Tätigkeitsspektrum der Verbände ist mit dem des Börsenvereins vergleichbar, beide geben beispielsweise auch ein Branchenmagazin heraus („Anzeiger", „Schweizer Buchhandel"), ermöglichen ihren Mitgliedern bei internationalen Buchmessen am Gemeinschaftsstand des Branchenverbandes präsentiert zu sein und vertreten allgemein die Interessen ihrer Mitglieder in punkto wirtschaftlicher, rechtlicher und politischer Rahmenbedingungen. Wie der Börsenverein den Deutschen Buchpreis herausgibt, sind auch sie (gemeinsam mit anderen Einrichtungen) OrganisatorInnen von Buchpreisen in ihrem Land (Österreichischer Buchpreis, Schweizer Buchpreis) (Hauptverband des Österreichischen Buchhandels o.J.c, o.J.f, o.J.g; Schweizer Buchhändler- und Verleger-Verband o.J.a, o.J.b).

Nationale Branchenverbände können ihrerseits Mitglieder in internationalen Branchenverbänden sein. Auf europäischer Ebene ist die **Federation**

of European Publishers (**FEP**) zu nennen, in der 28 nationale VerlegerInnenverbände aus der EU und EWR organisiert sind (Federation of European Publishers o.J.). Die **International Publishers Association** (**IPA**) vereint 81 VerlegerInnenverbände aus 69 Ländern weltweit unter ihrem Dach; manche Staaten sind, wie auch die Mitgliederzahlen zeigen, mit mehreren nationalen Verbänden in der IPA vertreten (International Publishers Association o.J.). Die **European and International Booksellers Federation** (**EIBF**) fasst Verbände des verbreitenden Buchhandels in einer Dachorganisation zusammen; insgesamt zählt sie 20 Mitglieder aus Europa und sieben Mitglieder aus anderen Staaten der Welt, wobei einzelne Länder auch hier mit mehreren Verbänden vertreten sind (European and International Booksellers Federation 2018a, b). Der Börsenverein des Deutschen Buchhandels ist in all diesen Vereinigungen Mitglied (Börsenverein des Deutschen Buchhandels o.J.v), während der Hauptverband des Österreichischen Buchhandels nur in der EIBF und der FEP, der Schweizer Buchhändler- und Verleger-Verband nur in der IPA Mitglied ist (European and International Booksellers Federation 2018a, b; Federation of European Publishers o.J.; International Publishers Association o.J.).

2 Der Buchmarkt auf internationaler Ebene

Bei der Buchbranche handelt es sich um eine der größten Kulturindustrien in Europa, ihr Marktwert im EU/EWR-Raum liegt bei 36-40 Mrd. € (Federation of European Publishers 2017: 1). Ihr globaler Marktwert wird auf ca. 122 Mrd. € geschätzt (Wischenbart 2017a: 6).

Obwohl die Buchbranche innerhalb der Kulturindustrien also nach wie vor hohe Bedeutung hat, war die Datenlage über den europäischen wie auch den globalen Buchmarkt lange Zeit spärlich. Erst um 2017 kam diesbezüglich merkliche Bewegung in die Branche und von verschiedenen Seiten begannen Bemühungen eine umfassende Datenbasis aufzubauen, mit der die Entwicklung des Buchmarktes aus globaler Perspektive verfolgt werden kann. Zwar gab es auch schon vorher Statistiken und Berichte zu Buchmärkten aus internationaler Perspektive sowie Rankings der größten Verlagsunternehmen; insgesamt bot sich allerdings ein unsystematisches Bild, die jeweiligen Erhebungen hatten eher den Charakter von einzelnen aufflackernden Schlaglichtern. Mit den neuen Berichten wird versucht eine vergrößerte, global umfassende Datenbasis zu erarbeiten, die tatsächliche Vergleiche der nationalen Buchmärkte ermöglicht. Aber auch diese Studien sind nach wie vor sowohl mit Datenlücken als auch mit eingeschränkter Vergleichbarkeit konfrontiert, was von den HerausgeberInnen meist selbstkritisch reflektiert wird.

Internationale Erhebungen und Analysen zur Buchbranche sind in vielerlei Hinsicht eine methodische Herausforderung[21]: Derzeit gibt es zu manchen Nationen – allgemein oder hinsichtlich bestimmter Variablen – schlichtweg keine Daten, oder verfügbare Daten decken nicht alle AnbieterInnen des nationalen Marktes ab, sondern z.B. nur die Mitglieder der jeweiligen Branchenvertretung, von der die nationale Erhebung stammt. Zudem ist der Buchmarkt im internationalen Vergleich durch eine starke Heterogenität gekennzeichnet. Cornils (2010: 267) kommt nach ihrer vergleichenden Analyse zum Schluss, „dass es nicht *einen* europäischen Buchmarkt gibt und geben kann [Hervorh. im Original]". Je nach Land unterliegt Buchhandel teils unterschiedlichen Regeln, wie in Kapitel 1 an Themen wie Buchpreisbindung, Mehrwertsteuerhöhe oder Zwei-vs. Dreistufigkeit des Buchhandels deutlich wurde. Hinzu kommt, dass der Buch-

---

21 Für methodische Reflexionen zur Buchstatistik siehe z.B. Kovač et al. (2017).

markt nicht einheitlich und eindeutig abgrenzbar ist und es keinerlei „standard definitions" (Wischenbart 2017a: 7) gibt, welche Erzeugnisse als Buch gelten oder nach welchen Kriterien Unternehmen dem Verlagswesen zuzurechnen sind (Wirtz 2016: 265; Wischenbart 2017a: 7). Prinzipiell können diverse Definitionskriterien zur Marktabgrenzung herangezogen werden – etwa Umfang, Bindung und Druck eines Erzeugnisses, wobei diese z.B. für den asiatischen Markt, wo Mangas und andere Graphic Novels verbreitet sind, zu wenig Trennschärfe haben (Wischenbart 2016: 2) und das Kriterium „Druck" E-Books aus der Buchmarktdefinition ausklammert. Ein anderes mögliches Definitionskriterium ist die nicht-periodische Erscheinungsweise von Büchern in Abgrenzung zu periodischen Verlagsprodukten wie Zeitungen und Zeitschriften – ebenfalls nicht völlig trennscharf, was am Beispiel von Jahrbüchern deutlich wird (Wirtz 2016: 265f.). Dass durch Konvergenz und Digitalisierung zusätzlich auch die Grenzen zwischen gedruckten Erzeugnissen und anderen Mediengattungen verschwimmen, verschärft die Abgrenzungsproblematik zusätzlich (Wischenbart 2017a: 6). Bei globalen Rankings von Verlagsunternehmen ist eine Schwierigkeit, dass viele größere Verlage auch Buchhandlungen besitzen und über das eigentliche Buchgeschäft hinaus tätig sind, einerseits in der crossmedialen Mehrfachverwertung von Buchcontent, andererseits aber auch in Form sonstiger Dienstleistungen, etwa dem Anbieten von Kursen und Schulungen durch Bildungsverlage. Vielfach erlauben die verfügbaren Daten keine Differenzierung, welche Einnahmen aus dem Buchgeschäft und welche aus anderen Geschäftszweigen des Unternehmens stammen. Auch Wechselkurseffekte und unterschiedliche Inflationsraten erschweren die internationale Vergleichbarkeit (Wischenbart 2016: 1, 9f.). Wo in internationalen Studien auf bereits aggregierte Daten von nationalen Institutionen und Berichten zurückgegriffen wird, müssen immer wieder auch Schätzungen herangezogen werden, weil die Daten unterschiedlich aktuell sind, nach uneinheitlichen Kriterien erhoben wurden oder die zugrundeliegenden Erhebungskriterien nicht transparent sind. Vermeintliche Entwicklungen (etwa Wachstum oder Rückgang des globalen Marktwerts) können zumindest partiell auch auf verbesserte Datenbasen zurückgehen oder durch veränderte Inflationsraten verfälscht sein. Künftig sei es deshalb zum Teil notwendig, neue methodische Ansätze zu entwickeln, um genaue und valide Daten zu erhalten und relevante Entwicklungen wie Self-Publishing erfassen zu können, die derzeit mangels gehaltvoller Quellen ausgeklammert werden müssen (Wischenbart 2017a: 6f., 23).

Die nachfolgende Darstellung von Zahlen zum internationalen Buchmarkt richtet sich in erster Linie nach Erhebungen von Rüdiger Wischenbart, insbesondere auch nach dem Bericht „How Big is Global Publishing? A Bird's Eye Perspective" der Initiative Book Map von Rüdiger Wischenbart und dem Verein für kulturelle Transfers (Wischenbart et al. 2017).[22]

2.1 Marktanteile und Entwicklung nationaler Buchmärkte im Vergleich

Der eingangs zitierte globale Marktwert der Buchbranche von 122 Mrd. € verteilt sich sehr ungleich auf die einzelnen nationalen Märkte.

Die folgende Tabelle zeigt die 20 größten Buchmärkte weltweit, gemessen an ihrem Marktwert zu VerbraucherInnenpreisen in Millionen € (aus ebd.: 8–10). Selbst unter diesen Top 20 ist der Anteil der einzelnen Länder am Gesamtvolumen stark unterschiedlich: Während auf den größten Buchmarkt der Welt, die USA, 29 % des globalen Marktwertes entfallen, sind es schon beim Drittplatzierten Deutschland nur mehr knapp 8 %, beim Zehntplatzierten Italien etwas über 2 % und Österreich, an zwanzigster Stelle, kommt auf einen Anteil von 0,6 %. Zwei Drittel des globalen Marktwertes entfallen auf nur sieben Länder, schon die drei stärksten Länder zusammen kommen auf mehr als die Hälfte des globalen Marktwerts. Wischenbart et al. (ebd.: 8) heben hervor, dass die drei stärksten Buchmärkte auf verschiedenen Kontinenten liegen und dort jeweils eine sehr prägende Wirkung auf größere Regionen dieses Kontinents entfalten.

Tabelle 6: Die 20 größten Buchmärkte weltweit auf Basis des Marktwerts in Millionen € zu VerbraucherInnenpreisen, Tabelle nach Wischenbart et al. (ebd.: 10) - zu den methodischen Hintergrundarbeiten je Land (z.B. Umrechnung von Umsatzdaten auf Marktwert) siehe dort

	Land	Marktwert (Mio. €)	Jahr
1	USA	35.014	2016
2	China	20.914	2015
3	Deutschland	9.276	2016
4	Großbritannien	6.119	2016
5	Japan	5.676	2015

---

22 Weitere relevante Berichte, die aus den jüngsten Bemühungen um eine umfassende internationale Buchstatistik resultieren, sind „The Book Sector in Europe: Facts and Figures" der Federation of European Publishers (2017) und „The Global Publishing Industry in 2016", eine Kooperation von International Publishers Association/World Intellectual Property Organisation (2016).

6	Frankreich	3.922	2016
7	Indien	3.594	2015
8	Korea	2.974	2012
9	Spanien	2.889	2016
10	Italien	2.680	2015
11	Türkei	2.262	2014
12	Kanada	1.822	2016
13	Brasilien	1.776	2016
14	Australien	1.373	2013
15	Niederlande	1.318	2013
16	Russland	1.168	2016
17	Taiwan	855	2013
18	Polen	817	2015
19	Mexiko	791	2015
20	Österreich	735	2014
	Weltweit	122.000	2015/16

Wird der Marktwert der diversen nationalen Buchmärkte ins Verhältnis zur jeweiligen Bevölkerungszahl gesetzt, zeigt sich ein partiell deutlich anderes Bild. Die Reihenfolge im Ranking verschiebt sich zum Teil, insofern als die relative Stärke des Buchmarktes in bevölkerungsärmeren Ländern sichtbar wird. So rückt Österreich gemessen am Marktwert pro Kopf an fünfte Stelle, und Norwegen, das bei Betrachtung nur des totalen Marktwertes gar nicht in den Top 20 auftaucht, wird zum zweitstärksten Buchmarkt. Mit Argentinien und Südafrika gelangen aber auch zwei bevölkerungsreiche Staaten, die zuvor nicht in den Top 20 vertreten waren, ins Ranking. Die Unterschiede in der Marktstärke selbst innerhalb der Top 20 sind aber auch hier eklatant. Während Deutschland auf einen Pro-Kopf-Marktwert von 117€ kommt, sind es am unteren Ende der Liste in Südafrika und Indien nur mehr 3€, der weltweite Marktwert der Buchindustrie pro Kopf liegt bei 17€ (ebd.: 14f.)[23].

---

23 Es gibt auch andere Rankings, die mehr oder weniger stark von Wischenbart et al. (2017) abweichen, z.B. in der Studie „The Global Publishing Industry in 2016" (International Publishers Association/World Intellectual Property Organization 2016). Diese stützt sich direkt auf Umsatzdaten, wonach es sich bei den Ländern mit dem größten Gesamtumsatz um die USA (23,86 Mrd. USD), Großbritannien (6,87 Mrd. USD), Spanien (3,47 Mrd. USD), Frankreich (3,0 Mrd. USD) und China (1,9 Mrd. USD) handelt (ebd.:13). Auch Umsätze aus dem Digitalgeschäft flie-

Tabelle 7: *Die 20 größten Buchmärkte weltweit auf Basis des Marktwerts pro Kopf, Tabelle nach Wischenbart et al. (ebd.: 15), zu den methodischen Hintergrundarbeiten je Land (z.B. Umrechnung von Umsatzdaten auf Marktwert) siehe dort*

	Land	Marktwert pro Kopf (€)
1	Deutschland	117€
2	Norwegen	112€
3	USA	109€
4	Großbritannien	94€
5	Österreich	85€
6	Spanien	62€
7	Frankreich	59€
8	Korea, Rep.	58€
9	Australien	58€
10	Japan	45€
11	Italien	44€
12	Türkei	29€
13	Polen	22€
14	China	15€
15	Argentinien	11€
16	Brasilien	9€
17	Russland	8€
18	Mexiko	6€
19	Südafrika	3€
20	Indien	3€
	Weltweit	17€

Die statische Betrachtung von Marktwerten zu einem bestimmten Zeitpunkt bildet jedoch nicht die Entwicklung der jeweiligen Märkte über die Zeit ab und berücksichtigt nicht die oft sehr unterschiedlichen Hintergrundbedingungen auch ähnlich starker Player. Wischenbart (2018) unterscheidet den von ihm so genannten „club of the old elites" – traditionell

ßen ein, während sich die Daten von Wischenbart et al. (2017) auf den „traditional publishing sector" (ebd.:14) beziehen. Die Ergebnisse können jedoch nur einen punktuellen Eindruck liefern, da „The Global Publishing Industry in 2016" von starkem Datenmangel gekennzeichnet ist. So ist für 24 der 35 untersuchten Staaten der Gesamtumsatz der Buchverlagsbranche nicht angebbar.

marktstarke Länder wie die USA, Großbritannien, Italien, Japan, Deutschland, aber auch Korea und Österreich – und seit einigen Jahren „a second club" – Länder, die oft auch als „emerging markets" bezeichnet werden, wie China, Brasilien, Indien, Russland, Mexiko und die Türkei. Ein wesentlicher Hintergrund in diesen Ländern ist das Wachstum einer Mittelklasse, die nach Bildung und Wissen strebt und auch über die finanziellen Mittel verfügt, um sich Bücher und andere Medienprodukte leisten zu können. Bildung sowie ein Maß an Wohlstand, das die Inanspruchnahme von Bildung ermöglicht, sind nach Wischenbart (ebd.) die bedeutsamsten treibenden Kräfte für eine erfolgreiche Buchbranche: „It is a market driven by forces that are outside of books and reading". Vor allem in China führte das Wachstum einer bildungsaffinen Mittelklasse zu einer richtiggehenden Explosion des Buchmarktes. Noch vor 10 Jahren wäre China laut Wischenbart (ebd.) bei weitem nicht in der Liste der erfolgreichsten Buchmärkte gewesen, das Land katapultierte sich binnen weniger Jahre auf Platz 2 der oben angeführten Tabelle. Auch Indiens Buchmarkt wächst (in geringerem Ausmaß als in China) kontinuierlich. Allerdings schlug sich eine wachsende Mittelkasse nicht in allen „emerging markets" in einem Wachstum auch für die Buchbranche nieder. Beispielsweise mussten in Mexiko, Brasilien und Russland die euphorischen Wachstumsprognosen, mit denen diese Länder noch Anfang der 2000er-Jahre assoziiert waren, wieder revidiert werden, nachdem die Wirtschaftskrise von 2008 sie hart getroffen hatte (Wischenbart et al. 2017: 13–22; Wischenbart 2018). Am schlimmsten ist die Lage in Russland, wo sich nach einem kurzen Aufschwung sowohl die Wirtschaft als Ganzes als auch die Buchbranche in einer „downward spiral" befinden (Wischenbart 2017b: 5). Aber auch in den Ländern des „club of the old elites" (Wischenbart 2018) ist die Situation schwierig. Die Gesamteinschätzung von Wischenbart et al. (2017: 16) für die Entwicklung der globalen Buchindustrie, bezogen auf den Zeitraum von 2007 bis 2016, ist eine ernüchternde: „Overall, only very few markets, even among the emerging economies, could show continuous robust developments". Abgesehen von den beiden führenden englischsprachigen Märkten USA und Großbritannien, die sich nach starken Schwierigkeiten infolge der Wirtschaftskrise wieder etwas erholt hätten, sei die Buchbranche im Großteil der Länder von Verlusten gekennzeichnet: „In most other countries, the publishing sector is clearly struggling." Dies treffe auch auf Deutschland, Frankreich und Spanien zu, wobei sich diese Länder im Gegensatz zu anderen nach langem Abwärtstrend auf einem nun niedrigeren Niveau wieder etwas stabilisiert hätten bzw. sich der Abwärtstrend zumindest verlangsamt habe (Wischenbart et al. 2017: 16; Wischenbart 2017b: 5).

Von den sechs größten Buchmärkten – USA, China, Deutschland, Großbritannien, Japan und Frankreich – ist zwischen 2008 und 2015, von kleineren Auf- und Abwärtsbewegungen bei manchen der Länder abgesehen – nur China kontinuierlich angewachsen, und zwar sogar explosionsartig (Wischenbart et al. 2017: 17). In sämtlichen größeren nicht-englischsprachigen Märkten Europas und in Japan ist die Entwicklung der letzten Jahre von Verlusten gekennzeichnet (Wischenbart 2017b: 5).

Auch in jenen „emerging markets", in denen eine neu entstandene Mittelklasse Potentiale für die Buchbranche hervorgebracht hat, stellen sich Herausforderungen für VerlegerInnen. Ein Charakteristikum des „new club" (Wischenbart 2018) ist, dass auch für bildungsaffine Menschen der Mittelschicht ein anderes Medium als das Buch im Zentrum steht, wenn es darum geht, Textcontent zu nutzen: das Smartphone. Gerade in Ländern wie China oder Indien werden auch längere Texte ganz selbstverständlich auf dem Smartphone gelesen und auch für die Suche nach Informationen wird eher zum Smartphone als zum Buch gegriffen, während in den traditionell marktstarken Nationen die Bedeutung des gedruckten Buchs noch vergleichsweise höher ist: „So suddenly we see that the new club and the old club are falling apart." (ebd.)

VerlegerInnen, die das Potential der „emerging markets" als Absatzmarkt nutzen möchten, müssen also Strategien entwickeln, um Buchcontent auf anderen Endgeräten anzubieten, die das neu entstandene Publikum ansprechen. Bislang konnte dieses Potential von der Buchbranche noch nicht ausgeschöpft werden; die neu entstandenen Publikumssegmente wurden nicht erreicht, das Wachstum der Mittelschicht in den betreffenden Ländern ging nicht mit einem entsprechenden Branchenwachstum einher (ebd.; Wischenbart 2017a: 6).

Trotz Zugewinnen an Wohlstand für manche Bevölkerungsschichten gibt es in den „emerging markets" nach wie vor auch ein hohes Ausmaß an Armut. Wirtschaftlich betrachtet äußert sich dieser Zustand in einer verglichen mit der Bevölkerungszahl relativ kleinen Zielgruppe für Bücher. So liegt der Marktwert der Buchbranche (nach VerbraucherInnenausgaben) in Frankreich gleichauf mit Indien, bei einer EinwohnerInnenzahl von 67 Millionen in Frankreich und 1,3 Milliarden in Indien. Tatsächlich können von der indischen Gesamtbevölkerung nur 50 Millionen Menschen aufgrund ihres Bildungsniveaus und ihres Wohlstands als Zielgruppe für die Buchindustrie begriffen werden (Wischenbart et al. 2017: 8; Wischenbart 2018). Ein anderes Beispiel ist Indonesien, dessen 261 Millionen EinwohnerInnen 2013 weniger Geld für Bücher ausgaben als die 8,8 Millionen EinwohnerInnen von Österreich. Ein realistischerer Blick auf die Buchmärkte im internationalen Vergleich ergibt sich also, wenn neben dem Marktwert und der Bevölkerungszahl auch das Bruttoinlandsprodukt als Indikator für den Wohlstand eines Landes berücksichtigt wird: „The size of a population is mirrored by book markets to a much lesser degree than a given population's wealth, and subsequently its access to education" (Wischenbart et al. 2017: 8). Wo Marktwert pro Kopf und Titelproduktion pro Kopf hoch sind, steht im Hintergrund häufig auch ein höheres BIP pro Kopf (ebd.: 14).

Zusammengefasst zeigt sich also, dass viele Menschen weltweit aufgrund von Armut und, daraus resultierend, mangels Zugang zu Bildung keine Möglichkeit haben Bücher zu lesen, und folglich auch als Zielgruppe für die Buchbranche wegfallen. Von den neu entstandenen Zielgruppen ist ein großer Teil nicht erreicht worden, u.a. aufgrund von medialen Präferenzen, die für jegliche Lektüre, Informationssuche und Unterhaltung weg vom Buch hin zum Smartphone führen, aber teilweise auch aus noch unbekannten Gründen. Wischenbart (2018) hält fest, dass die Entwicklung der Buchbranche seit dem Zweiten Weltkrieg charakteristischerweise Hand in Hand mit der allgemeinen ökonomischen Entwicklung verlaufen war. Die Wirtschaftskrise von 2008 habe diesbezüglich einen Wendepunkt dargestellt, „that connection seems to have broken, and that would be a big headache for the publishing industry to understand and to fix this." (ebd.)

2.2 Die internationalen Player der Buchwirtschaft

Wachstum der Buchbranche in einem Land bedeutet weiters nicht zwingend, dass dieses Wachstum tatsächlich auch den dort ansässigen Verlagsunternehmen zugutekommt. Indien beispielsweise ist, was Bücher betrifft, ein stark importorientiertes Land (Wischenbart et al. 2017: 13). Zudem sind die Buchmärkte national wie global von beträchtlichen Konzentrationstendenzen geprägt. Einnahmen auf dem mexikanischen Buchmarkt fließen weniger in die Kassen inländischer Verlagsunternehmen als vielmehr nach Spanien – und auch dort wird der Markt im Wesentlichen durch zwei große Player kontrolliert: die spanische Mediengruppe Planeta sowie Penguin Random House (Wischenbart 2018), dessen Zentrale in den USA liegt, die Mehrheit an Penguin Random House hält wiederum der deutsche Medienkonzern Bertelsmann. Adamo (2007: 54) zufolge befindet sich ganz Lateinamerika in der Situation, dass die nationalen Verlagswesen infolge von Militärdiktaturen und Wirtschaftskrisen nachhaltig geschädigt worden seien, während sich Spanien, auch durch den EU-Beitritt, zu einem „new leader – at least in commercial terms – in the world of Spanish-language books" aufgeschwungen habe. Lateinamerikanische AutorInnen seien verzweifelt darum bemüht, in spanischen Verlagen publizieren zu können, weil diese „the only real gateway into the international world" darstellen würden. Allgemein hält Wischenbart (2018) für die Verlagsbranche fest, dass sie sich „under a very high pressure of industry consolidation" befindet. Neben Spanien sind auch Italien, Frankreich und Polen Beispiele für Länder, die von „massive mergers and acquisitions" gekennzeichnet sind, „making a few big groups even bigger and putting more strain on the smaller groups." Konzentrationstendenzen auf dem Buchmarkt werden sowohl für den herstellenden als auch für den verbreitenden Buchhandel und mit Blick auf diverse Länder festgehalten. So erwähnen Greco et al. (2014: 7), dass die scheinbare Vielfalt, die sich aus Tausenden von Verlagen auf dem US-amerikanischen Markt[24] ergibt, in Wahrheit auf eine kleine Reihe großer Konzerne zurückgeht. Cornils (2010: 266f.) sieht analog dazu auf dem europäischen Buchmarkt „überwiegend die Verlagskonzerne und Buchhandlungsketten, die durch bestimmte Strukturen und eine gute Marktposition teilweise enorme Gewinne erzielen können", bereits seit den 1980er-Jahren sei der europäische Buchmarkt von hoher Konzentration geprägt.

Das spiegeln auch die Rankings der weltweit größten Verlagsgruppen wider. Livres Hebdo[25] präsentiert jährlich ein Ranking der 52 größten Verlagsgruppen gemessen an ihrem Bruttoumsatz und stellt 2016 fest, dass „the turnover of both the Top 10 and the Top 50 has continued to grow over the last decade, rising from 28 to 34 billion euros for the former, and 49 to 63 billion euros for the latter." (Piault 2016: 4) Im Zusammenhang mit überwiegend zumindest stagnierenden, wenn nicht sogar sinkenden Ausgaben für Bücher (Wischenbart 2017a: 6, b: 5), deutet das Umsatzwachstum der großen Player auf weiter gestiegene Konzentrationstendenzen hin.

Das 2016er-Ranking von Livres Hebdo greift auf die Bruttoumsätze im Jahr 2015 zurück, wobei Umsätze aus anderen Tätigkeiten als dem Verlegen von Büchern ausgeklammert werden. Zwei wesentliche Player der

---

24 Zwischen 3.000 und 60.000 je nach Zählweise, das Datenmaterial ist hier sehr heterogen (Greco et al. 2014: 7).

25 Inhaber des Copyrights ist Livres Hebdo, die für das Ranking erforderlichen Forschungen und Berechnungen wurden von Rüdiger Wischenbart Content and Consulting durchgeführt (International Publishers Association 2016a:17).

Buchbranche scheinen in diesem Ranking nicht auf: Disney veröffentlicht
generell keine Umsatzzahlen, die Panini Gruppe veröffentlicht keine Umsatzzahlen für ihre Verlagsaktivitäten (Piault 2016: 4). Die folgende Tabelle
zeigt einen Ausschnitt aus dem Ranking bestehend aus den 15 umsatzstärksten Verlagsgruppen weltweit. Angeführt wird die Liste unter Betrachtung der Umsätze von 2013 bis 2015 stabil von Pearson (Wischenbart
2016: 2).

*Tabelle 8: Die 15 umsatzstärksten Verlagsgruppen weltweit, Ranking von Livres
Hebdo für 2016 mit Umsatzzahlen von 2015 (Piault/Wischenbart
2016: 5, 7)*

	Gruppe	Land	Besitzer/ Mutterunternehmen	Land	Umsatz aus Büchern 2015 (in Mio. €)
1	Pearson	UK	Pearson PLC	UK	6.072
2	Thomson Reuters	USA	The Woodbridge Company Ltd.	CAN	5.291
3	RELX Group	UK/NL	Reed Elsevier PLC & Reed Elsevier NV	UK/NL	4.774
4	Wolters Kluwer	NL	Wolters Kluwer	NL	4.208
5	Penguin Random House	D	Bertelsmann AG	D	3.717
6	China South Publishing & Media Group Co., Ltd. (ZhongNan)	CHN	Staatlicher Betrieb	CHN	2.576
7	Phoenix Publishing and Media Company	CHN	Staatlicher Betrieb	CHN	2.524
8	Hachette Livre	F	Lagardère	F	2.206
9	McGraw-Hill Education (inkl. McGrawHill Global Education & School Group)	USA	Apollo Global Management LLC	USA	1.681
10	Grupo Planeta	ESP	Grupo Planeta	ESP	1.658
11	Wiley	USA	Wiley	USA	1.545
12	Cengage Learning Holdings II LP	USA	Apax and Omers Capital Partners	USA/ CAN	1.496

13	Scholastic (corp.)	USA	Scholastic	USA	1.494
14	Harper Collins	USA	News Corp.	USA	1.486
15	Springer Nature	D	Holtzbrinck & BC Partners	D	1.471

Im Vergleich zum Vorjahr hat sich laut Piault (2016: 4) an den Platzierungen im vorderen Bereich des Rankings nichts geändert, erst nach den Top 5 gab es Verschiebungen. Die größte Veränderung ergab sich durch die Fusion von Springer und Holtzbrinck: Springer Nature wanderte dadurch von Platz 19 um vier Ränge auf Platz 15 nach oben, wohingegen Holtzbrinck von Platz 10 auf Platz 19 sank (ebd.). Allgemein ist die Landschaft der großen Player von Fusionen und Übernahmen gekennzeichnet. Bazán Babczonek (2014: 18) hielt bereits 2014 in den „Global Publishing and Reading Statistics" der International Publishers Association fest: „2013 was a year of consolidation in publishing: big publishers growing even bigger by strategic mergers."

Nicht nur auf den gesamten Weltmarkt bezogen, sondern auch innerhalb der Liste der größten Verlagsunternehmen zeigt sich das Matthäus-Prinzip, insofern als die Marktmacht der Stärksten weiter steigt, wie Wischenbart (2016: 2) festhält:

> „After years of relative stability, the reported results for 2014 and now even more dramatically for 2015 show a clear strengthening at the top, with the 10 largest groups accumulating revenues of €34.2bn (up 8 % from 2014, and up 17 % from 2013), and accounting now for 54% [sic!] of the 50 largest groups described in this ranking, in a continuing increase since 2013."

2013 brachte die Fusion von Random House und Penguin Books zu Penguin Random House große Verunsicherung in die Branche und regte auch weitere Verlagsunternehmen dazu an, ihre Position durch Übernahmen abzusichern. So kaufte die italienische Mondadori Gruppe 2015 RCS Libri auf, ihren bis dahin stärksten Konkurrenten. Übernahmen dienen dabei teilweise auch der Spezialisierung (Piault 2016: 4). Sich auf einen bestimmten Verlagsbereich zu spezialisieren, stellt laut Piault (ebd.) einen Trend in der internationalen Verlagslandschaft dar. Neben dem aus der Fusion von Springer und Holtzbrinck entstandenen Springer Nature gibt es eine Reihe von Beispielen für diesen Trend, etwa die spanische Verlagsgruppe Santillana, die ihren Bereich der allgemeinen Literatur an Penguin Random House verkaufte, um sich auf den Schulbuchbereich zu konzentrieren. Umgekehrt verkaufte der US-amerikanische Verlag Scholastic seine Schulbuchsparte an Houghton Mifflin Harcourt, um zu seinem ursprünglichen Kerngeschäft, der Kinder- und Jugendliteratur, zurückzukehren. Ein spezieller Fall von Konzentration findet sich auf dem chinesischen Buchmarkt, wo die Regierung über 270 staatliche Verlagsunternehmen zu etwa 30 großen Verlagsgruppen zusammengefasst hat. Obwohl fünf chinesische Verlagsgruppen im internationalen Ranking von Livres Hebdo aufscheinen, sind sie bislang vor allem innerhalb Chinas relevant (ebd.).

2.3 Auswirkungen der digitalen Transformation auf den Buchmarkt

Zunehmende Konkurrenz erwächst klassischen Verlagen durch selbstverlegte Literatur. Infolge von Digitalisierung hat sich Self-Publishing zu einem relevanten Phänomen entwickelt, das weltweit die Struktur der Buchmärkte verändert hat. Zwar ist Self-Publishing schwer zu erfassen, weswegen es nur wenige Daten zum Ausmaß dieses Phänomens gibt. Vorhandene Daten variieren je nach HerausgeberIn. So postulierte ein vielzitierter und vieldebattierter Report der AutorInneninitiative Author Earnings im September 2015, dass selbstverlegte Literatur in den USA bereits einen höheren Marktanteil habe als die größten fünf US-amerikanischen Publikumsverlage zusammen (Wischenbart 2017b: 11). Konkret liege der Anteil der Self-Publisher an den US-amerikanischen E-Book-Verkäufen („Market Share of Ebook Unit Sales") im September 2015 bei ca. 38 %, jener der Big Five bei ca. 26 %, während die Relation noch im Februar 2014 fast genau umgekehrt gewesen sei (Author Earnings 2015). Auch das Marktforschungsunternehmen Nielsen (2016: 24) stellt zwischen 2012 und 2015 sinkende Marktanteile der Big Five bei gleichzeitig steigenden Marktanteilen der Self-Publisher in den USA fest. Davon, den Marktanteil der Big Five zu übertreffen, ist selbstverlegte Literatur diesen Zahlen zufolge aber noch weit entfernt. Selbstverlegte Bücher machten 2015 12 % (2012: 5 %) der E-Book-Verkäufe in den USA aus, die größten fünf Verlagsunternehmen kamen auf einen entsprechenden Anteil von 34 % (2012: 46 %). Dieser wird nur übertroffen, wenn Self-Publishing-Literatur und Kleinstverlage, deren Sortiment laut Nielsen auch selbstverlegte Bücher enthalten kann, zusammengerechnet werden. Ihr gemeinsamer Marktanteil von 42 % (2012: 19 %) übersteigt den Marktanteil der Big Five dann deutlich. Die methodische Genese solcher Zahlen zu Self-Publishing ist wenig transparent, in Branchenberichten werden sie oft relativ unhinterfragt zitiert, dementsprechend sind sie mit Vorsicht zu rezipieren. Was sich jedoch deutlich abzeichnet – auch unter Berücksichtigung der hohen Bedeutung von Self-Publishing, die auf der Frankfurter Buchmesse beobachtet werden kann – ist, dass sich mit Self-Publishing ein zusätzliches Marktsegment gebildet hat, das eine relevante Größe angenommen hat und traditionelle Verlage herausfordert.

Laut Wischenbart (2018) unterliegt die Buchindustrie weltweit den Herausforderungen einer „digital transformation", deren Potentiale jedoch bislang nicht ausreichend von den Verlagsunternehmen genutzt wurden. Vielfach beschränken sich digitale Aktivitäten auf die Herstellung von E-Books, wobei tatsächlich jedoch die ganze Wertschöpfungskette (siehe Kapitel 1.4) Veränderungen durch Digitalisierung unterliegt, was neue Geschäftsmodelle und Produktionsvorteile mit sich bringen kann, so sie genutzt werden (Wischenbart et al. 2017: 24; Wischenbart 2018). In den meisten Ländern ist zumindest im Bereich der Belletristik und der Sachliteratur Print immer noch für den Großteil der Einnahmen von Verlagsunternehmen verantwortlich (International Publishers Association/World Intellectual Property Organization 2016: 7f.; Wischenbart 2018), in Bildungs- und Wissenschaftsverlagen wurde schon vor etwa 15 Jahren begonnen verstärkt auf digitales Publishing zu setzen. Beispielsweise generiert Elsevier etwa 85 % seiner Umsätze aus digitalen Abos. Die Bedingungen für digitales Publizieren sind im Bereich von Bildung und Wissenschaft insofern einfacher, als die Verlagsunternehmen dort im Gegensatz zu den meisten Publikumsverlagen die vollen Rechte am Content besitzen (Wischenbart 2018).

E-Books

E-Books entwickelten sich ab 2007 vom neuen Randphänomen sehr rasch zu einer relevanten Größe auf dem Markt. Angestoßen wurde die Herstellung von E-Books in hohem Maße von Amazon. Das Unternehmen hatte gerade seinen E-Book-Reader Kindle entwickelt und im Vorfeld die damals sechs größten US-amerikanischen Verlage dazu gebracht, einen Teil ihrer Novitäten auch digital zu verlegen (Wischenbart 2017b: 8). Ab 2010 verzeichneten E-Book-Verkäufe in den USA und Großbritannien dreistellige Zuwachsraten, und auch im Rest Europas gab es starke Zuwächse, sodass Befürchtungen aufkamen, das klassische Buch könne schon bald vom Markt verdrängt werden. Ab 2015 gingen E-Book-Verkäufe jedoch wieder zurück, in den USA zwischen 2015 und 2016 um 16 %, während der Verkauf von Printtiteln zeitgleich um 3,3 % anstieg. Zu einer ähnlichen Entwicklung kam es in Großbritannien und im Rest Europas (Federation of

European Publishers 2017: 1, 3-5; Wischenbart 2017b: 8). Inzwischen ist es in den englischsprachigen Ländern zu einer „fragile balance" (Wischenbart 2017b: 8) gekommen, insofern als sich der Umsatzanteil der E-Book-Verkäufe im Publikumssektor zwischen 15 und 20 % eingependelt hat (ebd.), in europäischen Ländern außerhalb des englischsprachigen Raums sind die Umsatzanteile der E-Books deutlich geringer und liegen etwa in Deutschland im ersten Quartal 2017 bei 5,6 %, in Spanien 2016 bei 6 % und in den Niederlanden im 4. Quartal 2016 bei 6,6 % (ebd.: 9).

Neue Digitalformate

Zu interaktiven Büchern über das klassische E-Book hinaus gibt es kaum Daten. Wo Digitalformate explizit ausgewiesen werden, ist wiederum oft unklar, ob damit nur E-Books oder auch andere Formate (z.B. AR[26]-Bücher, Buchapps) gemeint sind (siehe z.B. die Differenzierung zwischen Print- und Digitaltiteln in International Publishers Association/World Intellectual Property Organization (2016: 9f.)). Hinzuzufügen ist auch, dass gerade neue Buchformate aus dem AR- und VR[27]-Bereich vielfach als Hybride verstanden werden können, und insofern nicht in eine eindeutige Kategorie fallen, als die digitale Erweiterung auf einem klassischen gedruckten Buch basiert. Obwohl solche neuen Formate auf Buchmessen beträchtliche Präsenz haben und bei Veranstaltungen prominent vorgestellt werden, scheint ihre Bedeutung insgesamt untergeordnet zu sein.

Heinold (2017) bezeichnet enhanced E-Books, Apps und ähnliche Digitalformate als „ein marginales Experimentierfeld" und konstatiert: „Nach Jahren oft aufwändiger und teurer Versuche steht fest: Das multimedial erweiterte und/oder interaktive Buch hat sich nicht durchgesetzt. Gekauft werden schlichte E-Books, die den Text abbilden. Es gibt Nischen (wie z. B. bei einigen Kinderbüchern), aber das Buch ist noch immer, was es war: Ein Lese- und Blättermedium, das durch multimediale oder Augmented-Reality-Erweiterungen für die meisten Leser nicht attraktiver, sondern eher sperrig wird."

---

26 AR = Augmented Reality
27 VR = Virtual Reality

Audiobooks

Ein digitales Buchformat, das weniger prominent besprochen wird, sich aber gut verkauft, ist hingegen das Audiobook. Ähnlich wie beim E-Book-Markt entwickelte sich der Markt für Audiobooks binnen kurzer Zeit:

> „As little as eight or 10 years ago, HarperCollins, one of the big five US consumer publishers, would only occasionally have converted a new novel to an audio format. Now, it has become routine to offer various digital editions of all new titles, including e-books [...] as well as digital audio for download." (Wischenbart 2017b: 9)

Global gesehen wird durch Audiobooks ein Gesamtumsatz in der Höhe von 3,5 Mrd. Dollar generiert. Vor allem in den USA erfreuen sich Audiobooks hoher Beliebtheit, was sich in einem Marktwachstum von einem Fünftel pro Jahr niederschlägt (ebd.).

2.4 Das Ungleichgewicht von Titelproduktion und Verweildauer auf dem Markt

Kennzeichnend für die Verhältnisse am Buchmarkt ist auch die ambivalente Konstellation, dass die Novitätenproduktion seit Jahren kontinuierlich steigt, die veröffentlichten Bücher sich aber immer weniger lange auf dem Markt halten. Konkrete Zahlen hierzu gibt es nur zu Europa, auch Wischenbart et al. (2017: 23) greifen in ihrer Studie „How big is global publishing?" auf die europäischen Zahlen der Federation of European Publishers (2017: 2–7) zurück.

Diese besagen, dass 2016 von Verlagen innerhalb des EU/EWR-Raums 590.000 neue Titel herausgebracht wurden. Mit Ausnahme eines kurzen Einbruchs der Zahlen im Jahr 2014 ist eine stetige Steigerung der Titelproduktion seit 2006 festzustellen; damals wurden 475.000 neue Titel veröffentlicht. Parallel sinkt allerdings in den letzten Jahren in vielen europäischen Ländern nicht nur die durchschnittliche Auflagenzahl (Federation of European Publishers 2017: 2, 7), sondern auch das Marktwachstum. Betrachtet man die EU insgesamt, so zeigt sich zwischen 2008 und 2016 eine sich immer weiter öffnende Schere zwischen steigender Titelproduktion und sinkendem Marktwachstum. Die Reaktion auf dieses Ungleichgewicht variiert je nach Buchmarkt. In Deutschland haben viele Verlage, anders als etwa in Frankreich, aufgrund der Gegebenheiten ihre Novitätenproduktion inzwischen zurückgefahren (Wischenbart et al. 2017: 23).

Die geringere Verweildauer von Büchern auf dem Markt betrifft sogar Bestseller. Der Branchenzeitschrift Buchreport (2009) zufolge halten sich, zumindest im Hardcoverbereich, Erfolgstitel immer weniger lange in den Bestsellerlisten. Werden viele neue Titel veröffentlicht, die aber bald danach aus dem Markt verschwinden, bedeutet dies, dass Verlage trotz hoher Produktion kaum in der Lage sind eine Backlist aufzubauen. Dies ist insofern von enormer Bedeutung für das wirtschaftliche Überleben von Verlagen, als – wie der Börsenverein des Deutschen Buchhandels (o.J.l) es ausdrückt – die Backlist „das ‚Kapital' eines Verlags" darstellt.

2.5 Globale Ströme von Büchern

Neben Querschnittsdaten wie Marktwert, Umsätze oder Titelproduktion, die Einschätzungen über den Zustand der Buchbranche auf internationaler Ebene wie auch über die Stärke der einzelnen nationalen Buchmärkte erlauben, ist zudem eine dynamische Perspektive von Interesse: Wie stehen die verschiedenen Buchmärkte miteinander in (Handels-)Beziehung? Anders gesagt: Welche globalen Ströme von Texten und Büchern sind festzustellen – von wo nach wo laufen sie in welchem Ausmaß? Wessen Werke gelangen in die großen globalen Ströme, und wessen Werke bleiben international unbeachtet am nationalen Ufer zurück?

Einführend soll eine Gegenüberstellung des Domestic Shares in ausgewählten Buchmärkten einen punktuellen und groben ersten Eindruck zu globalen Bücherströmen eröffnen.

Nur punktuell und grob ist dieser Eindruck unvermeidlicherweise aus einer Vielfalt von Gründen. So sind die existierenden Bestsellerlisten, die für eine solche Berechnung herangezogen werden können, sehr heterogen: Sie beziehen sich auf unterschiedliche Zeiträume (z.B. Kalenderwoche, Kalendermonat, oder nach einem bestimmten Datum definierter Monat) und auf unterschiedliche Segmente, etwa Belletristik, Sachbuch oder Kinder- und Jugendbuch. Für die folgende Tabelle ausgewählt wurde das Segment Belletristik, wobei sich manche Bestsellerlisten auf das Belletristiksegment als Ganzes beziehen und manche nach Buchformaten (Hardcover, Paperback, Taschenbuch) differenzieren, im letzteren Fall wurde Hardcover gewählt. Auch die Zahl der Platzierungen, die in der Bestsellerliste erfasst wird, variiert – teilweise werden nur die Top 10 ausgegeben, teilweise die Top 15, Top 20, Top 25 oder mehr. Wo betrachtete Bestsellerlisten mehr als 20 Ränge umfassen, wurden nur die Top 20 für diesen Überblick herangezogen, um ein gewisses Maß an Vergleichbarkeit zu bewahren. Zahlreiche Bestsellerlisten, etwa von Frankreich, Spanien oder Italien, sind zudem nicht frei zugänglich. Zwar gibt es prinzipiell eine Fülle von Listen diverser Buchhandlungen und Online-HändlerInnen, für die Branche besonders relevant ist jedoch eine Handvoll führender und besonders bekannter Listen (in Deutschland z.B. die SPIEGEL-Liste). Für die Länder Österreich, Deutschland, Frankreich, Großbritannien, USA, Australien und China konnten solche Listen gefunden werden. Die jeweiligen Quellen, Details und Einschränkungen sind in der Tabelle angegeben.

Tabelle 9: Der „Domestic Share" unter Bestsellern im Ländervergleich (eigene Darstellung anhand der in der Tabelle genannten Quellen)

Land	Domestic Share[28]	Übrige in der Liste vertretene Länder	Quelle	Betrachtetes Segment	Referenzzeitraum der Bestsellerliste
Österreich	50 %	Diverse: Deutschland, USA, Italien, Griechenland	Schwarzer Monatsbestseller	Belletristik allgemein, Top 10	16.8.-15.9.2018
Deutschland	50 %	Skandinavische Länder (20 %), USA (15 %), Österreich, Großbritannien	SPIEGEL-Bestseller	Belletristik Hardcover, Top 20	Woche 38/2018
Australien	40 %	Englischsprachiger Raum: USA (50%), Großbritannien	Nielsen Book Scan	Belletristik allgemein, Top 10	April 2018
USA	95 %	Großbritannien	Publishers Weekly	Belletristik Hardcover, Top 20	Woche 37/2018
China	55 %	Japan (20 %), Großbritannien (20 %)[29], USA, Kolumbien	Openbook (via Publishing Perspectives online)	Belletristik allgemein, Top 20	Mai 2018

---

28 Ob ein Titel zum Domestic Share zählt, wird in dieser Tabelle an der Staatszugehörigkeit des Autors/der Autorin festgemacht.

29 Japan und Großbritannien: jeweils alle Titel vom selben/von derselben AutorIn

Frank-reich	67 %	Diverse: USA, Algerien, Schweden, Großbritannien	GFK/Livres Hebdo (via Buchreport Nr. 41/ 2017)	Belletristik allgemein, Top 15	Ohne Angabe, veröffentlicht in Buchreport am 11.10.2017
Großbri-tannien	53 %	Überwiegend englisch-sprachiger Raum: USA (33 %), Irland. Schweden	Bookseller (via Buchreport Nr. 41/ 2017)	Belletristik allgemein, Top 15	Ohne Angabe, veröffentlicht in Buchreport am 11.10.2017

Wenngleich der Domestic Share auch aufgrund von temporären Ereignissen variieren kann, zeigt sich doch eine relativ breite Spanne – von Australien, das mit einem Domestic Share von 40 % auf den ersten Blick von ausländischer Literatur dominiert wird, bis hin zu den USA, in denen mit 95 % einheimische Literatur den Markt dominiert. In Deutschland, Österreich, Großbritannien und China halten sich – in den betrachteten Listen – einheimische und ausländische Titel ungefähr die Waage. Starke gegenseitige Diffusion scheint in den englischsprachigen Ländern stattzufinden. Australien hat zwar in dieser Tabelle den niedrigsten Domestic Share von 40 %, die übrigen Titel der Bestsellerliste stammen jedoch ausnahmslos ebenfalls aus dem englischsprachigen Raum, die Hälfte davon aus den USA. In Großbritannien handelt es sich bei einem Drittel der ausländischen Literatur ebenfalls um US-amerikanische Titel, zudem taucht ein irischer Titel in der Liste auf. Der einzige nicht US-amerikanische Titel in der betrachteten US-Bestsellerliste kommt aus Großbritannien. Die europäischen Bestsellerlisten zeigen sich diesbezüglich diverser, in Deutschland gibt es einen relativ hohen Anteil (20 %) an skandinavischer Literatur. In China stammen je 20 % der Titel aus der betrachteten Liste aus dem Nachbarland Japan und aus Großbritannien, wobei es sich jeweils um denselben Autor/dieselbe Autorin handelt.

Trotz aller Limitationen, denen diese kurze exemplarische Darstellung unterliegt, zeichnen sich doch bereits einige Phänomene ab, die auch in größerem Kontext für den Buchmarkt bestätigt sind, etwa die starke Geschlossenheit des englischsprachigen, und innerhalb von diesem insbesondere des US-amerikanischen Buchmarktes, in den Literatur aus anderssprachigen Ländern nur schwer Eingang findet, aber auch die steigende Popularität von skandinavischer Literatur.

Handelsströme eröffnen sich zum einen durch Exporte, zum anderen durch den Ein- und Verkauf von Rechten und Lizenzen, wobei international vor allem Übersetzungsrechte von Bedeutung sind. Wesentlich in diesem Zusammenhang ist der Beruf des Übersetzers/der Übersetzerin, durch dessen/deren vermittelnde Tätigkeit diese Ströme erst ermöglicht werden.

Ungleiche Ausgangspositionen im globalen Handel ergeben sich in vielerlei Hinsicht. Wie sehr die jeweilige Landessprache in anderen Teilen der Welt verbreitet ist, hat beispielsweise starken Einfluss darauf, inwieweit es gelingt nationale Werke in den globalen Strom zu bringen und folglich auch internationale Bestseller zu generieren. Zusätzlich kann die starke Verbreitung einer Sprache auch umgekehrt dazu führen, dass Übersetzungen ausländischer Werke auf den betreffenden Sprachenmärkten kaum Fuß fassen können, dass also ein Markt mit dominanter Sprache sich Strömen von außen verschließt. Ebenso sind die Strukturen, die im jeweiligen Land zur Förderung von Übersetzungen vorhanden sind, relevant, insofern als sie Ressourcen darstellen, um am globalen Handel mit Texten teilnehmen zu können.

Wirtschaftlicher Transfer im Buchbereich ist der Doppelrolle von Mediengütern entsprechend gleichzeitig in hohem Maße auch Kulturtransfer, Kulturtransfer umgekehrt untrennbar von wirtschaftlichem Transfer abhängig. Wenngleich das Selbstverständnis der Buchbranche stark auf kultureller Vermittlung fußt, sind kulturelle Aspekte der wirtschaftlichen Vermarktbarkeit untergeordnet.

In den folgenden Passagen soll genauer auf diese verschiedenen Aspekte der globalen Handelsströme im Buchbereich eingegangen werden.

2.5.1 Buchexporte

Die Bedeutung von Exporten für die Buchbranche wird je nach Studie unterschiedlich eingeschätzt.

Laut Wischenbart et al. (2017: 10), die den globalen Buchmarkt betrachten, spielen Exporte in den meisten Ländern verglichen mit den jeweiligen Inlandsumsätzen nur eine geringe Rolle. Zum selben Schluss kommen, ebenfalls aus internationaler Perspektive, International Publishers Association/World Intellectual Property Organisation (2016: 7) in ihrer gemeinsamen Studie.

Der europäische Buchmarkt wird hingegen von der Federation of European Publishers (2017: 10) als sehr exportorientiert bezeichnet. Durchschnittlich etwa ein Fünftel ihres Umsatzes, umgerechnet zwischen 4,2 und 5,2 Mrd. € jährlich, generieren die europäischen Verlage über Exporte ins Ausland. Teilweise offen ist, ob den betreffenden Exportanteilen je nach Studie unterschiedliche Bedeutung beigemessen wird oder ob die unterschiedliche Einschätzung von der Betrachtungsebene abhängt, ob also europäische Länder im Vergleich mit anderen Staaten tatsächlich in höherem Ausmaß Bücher exportieren. Für Letzteres würde sprechen, dass wesentliche internationale Märkte, die bei rein europäischer Betrachtung wegfallen, als starke Binnenmärkte gelten, z.B. die USA und China (Wischenbart et al. 2017: 13f.).

Die stärksten Exporteure in Europa sind wiederum größere Staaten, deren Sprache auch in anderen Ländern verbreitet ist: Großbritannien, Frankreich, Spanien und Deutschland – „Exports are mostly (though not exclusively) driven by language homogeneity" (Federation of European Publishers 2017: 10). Für britische Verlage etwa machen Exporte über 40% ihrer Umsätze aus; Exporte gehen dabei nicht nur in die EU, sondern in die gesamte Welt, vor allem auch nach Nordamerika (ebd.). Dementsprechend ist Großbritannien auch weltweit größtes Exportland für Bücher und andere kulturelle Produkte (Wischenbart et al. 2017: 11, 13). Französische Verlage generieren etwas mehr als 20% ihrer Umsätze aus Exporten, wobei andere französischsprachige Länder wie Belgien, die Schweiz und Kanada, aber auch afrikanische Staaten die HauptabnehmerInnen darstellen. In Spanien liegt der Anteil der Exporte am Umsatz bei ca. 18%, wobei neben der EU lateinamerikanische Länder, aber auch die USA eine Rolle spielen. In Deutschland liegt der Anteil der Exporte am Umsatz bei ca. 16%, als AbnehmerInnen sind besonders Österreich und die deutschsprachige Schweiz relevant. Aber auch bei kleineren Märkten zeigen sich die Möglichkeiten, die sich aus dem Vorhandensein gleichsprachiger (eventuell sogar großer) Länder für Exporte ergeben. In Belgien etwa beträgt der Anteil von Exporten am Umsatz ca. 33%, in Österreich 20%, in Portugal 15% (Federation of European Publishers 2017: 10). Insgesamt fließen in Österreich die Ausgaben, die für Bücher getätigt werden, allerdings hauptsächlich nach Deutschland ab, von wo zahlreiche Titel importiert werden (Wischenbart et al. 2017: 13).

Über gleichsprachige Nachbarstaaten hinaus sind laut Wischenbart et al. (ebd.) die wenigsten Staaten exportstark. Wo das der Fall ist, stehen häufig imperialistische Beziehungen aus der Vergangenheit im Hintergrund. Neben Großbritannien trifft dies besonders auch auf Spanien zu (ebd.).

2.5.2 Handel mit Rechten und Lizenzen

Auch der Verkauf von Übersetzungsrechten durch europäische VerlegerInnen wird von der Federation of European Publishers als relevante Einnahmequelle komplementär zu den Exporten bezeichnet. Konkrete Größenordnungen für den gesamten europäischen Raum werden diesbezüglich aber nicht gegeben, auch werden keine systematischen Ländervergleiche angestellt, wie es etwa für Exporte oder Umsätze der Fall ist. Eher fragmentarisch werden drei Länder (Deutschland, Frankreich, Italien) herausgegriffen; für diese wird gegenübergestellt, wie sich der Verkauf von Übersetzungsrechten zwischen 2010 und 2015 entwickelt hat (Federation of European Publishers 2017: 11). Daraus lässt sich erkennen, dass der Verkauf von Übersetzungsrechten auch in Ländern, die zu den stärksten Märkten der europäischen Buchbranche gehören, durchaus eine unterschiedliche Größenordnung hat: In Frankreich wurden im Jahr 2015 12.225 Titel ins Ausland verkauft, in Deutschland waren es mit 7.521 Titeln fast um die Hälfte weniger, in Italien wurden von 5.914 Titeln Lizenzen zur Übersetzung verkauft (ebd.)[30]. Zum weltweiten Handel mit Rechten und Lizenzen waren in den betrachteten internationalen Studien keinerlei Zahlen vorhanden. Gerade der „global flow" von Texten ist also schwer erschließbar, diesbezüglich scheint es eine große Datenlücke zu geben. Jenseits von harten Zahlen finden allerdings Reflexionen zum Thema Übersetzung statt, die auch Eindrücke über die internationale Diffusion von Literatur verschaffen.

2.5.3 Übersetzungen

Die SchriftstellerInnenvereinigung PEN und das Institut Ramon Llull veröffentlichten 2007 einen Bericht mit dem Titel „To Be Translated or Not To Be", der die globale Lage der Literaturübersetzung beschreibt. Obwohl sein Erscheinungsdatum schon eine Weile zurückliegt, werden seine zen-

---

30 Unklar bleibt dabei aber, ob jeder Titel tatsächlich nur einmal gezählt wurde, auch wenn für einen Titel Lizenzen in unterschiedliche Sprachräume verkauft wurden – die Bezeichnung „[n]umber of sales of translation rights (titles)" würde das nahelegen, wobei diese Zählweise kaum sinnvoll erscheint, da es einen wesentlichen Unterschied macht, ob ein Titel in eine oder z.B. in fünf andere Sprachregionen verkauft wurde. Zudem müsste die Zahl der verkauften Titel in Relation zu anderen relevanten Größen (z.B. der nationalen Titelproduktion) gesetzt werden, um tatsächlich aussagekräftig zu sein. Dass in einem kleineren Markt mit niedriger Titelproduktion in absoluten Zahlen betrachtet auch weniger Lizenzen verkauft werden als in einem großen Markt mit einer hohen Titelproduktion, liegt auf der Hand und sagt noch nichts über die Bedeutung des Lizenzhandels im jeweiligen Land aus.

tralen Erkenntnisse auch in späteren Jahren noch als gültig angesehen (Next Page Foundation 2014). Bereits der Titel des Reports weist auf die Bedeutung des Übersetztwerdens hin, damit Texte über ihren originären Sprachraum hinaus in den globalen Handelsfluss gelangen können. Unter Abwandlung des bekannten Hamlet-Zitats wird deutlich gemacht: Entweder ein Text wird übersetzt, oder er existiert (zumindest international gesehen) nicht. Die Chancen übersetzt zu werden sind allerdings unterschiedlich verteilt, wobei die englische Sprache einen zentralen Dreh- und Angelpunkt darstellt. Im übertragenen Sinne könnte man von der englischen Sprache als Schleusenwärterin sprechen, die den globalen Strom von Buchcontent maßgeblich mitreguliert, eine Art Gatekeeperin unter den Sprachen, und zwar in mehrfacher Hinsicht. Nicht nur tendieren die englischsprachigen Märkte dazu sich anderssprachiger Literatur gegenüber eher zu verschließen, zusätzlich wirkt die Übersetzung eines anderssprachigen Werkes ins Englische oft auch als Türöffner in andere nationale Märkte.

2.5.3.1 Die englische Sprache als Gatekeeperin in der globalen Diffusion von Literatur

Allen (2007: 17) bezeichnet die englische Sprache aufgrund ihrer globalen Dominanz und der (Handels-)Macht, die sich für anglofone Länder in der Buchbranche entfaltet, als „an invasive species". 400 Millionen Menschen weltweit haben Englisch als Erstsprache, ebenso viele als Zweitsprache; werden Personen mit zumindest Grundkenntnissen hinzugezählt, ist davon auszugehen, dass 1 Mrd. Menschen weltweit Englisch spricht. Anstelle einer „lingua franca", die aufgrund ihrer weiten Verbreitung unterschiedlichsprachige Menschen miteinander verbindet, wirkt sie jedoch vielmehr als „an invasive species [...] resisting and supplanting whatever is not written in itself, speaking in the loudest of voices while failing to pay much attention at all to anything said in any other language." (ebd.: 21). Ganz ähnlich formuliert auch Stock (2007: 72) die ambivalente Entwicklung und Konstitution der englischen Sprache: „Recently, no other language has expanded so quickly and at the same time absorbed so little from other languages as American English." Auffallend sind die niedrigen Anteile übersetzter Werke an den verfügbaren Büchern auf englischsprachigen Märkten. Während etwa in der Türkei 40 % und in Slowenien 70 % der Bücher übersetzte Werke sind, liegen die entsprechenden Anteile in den USA bei 3 % und in Großbritannien bei 2 % (Allen 2007: 17–22).

Die 3 % in den USA sind ein Wert, der sich stabil über die Jahre gehalten hat. Wird die Perspektive auf fiktionale Unterhaltungsliteratur und Poesie verengt (werden also Kategorien wie Gebrauchsanweisungen oder Neuübersetzungen von Klassikern ausgeklammert), liegt der Anteil der Übersetzungen auf dem US-amerikanischen Markt je nach Schätzung sogar nur bei 0,7 % bis 2 % (ebd.: 24f.; ThreePercent 2018a). 2017 sind in absoluten Zahlen 531 Übersetzungen auf dem US-amerikanischen Buchmarkt erschienen (ThreePercent 2018b). Anderssprachige Werke schaffen es folglich in viel geringerem Ausmaß auf englischsprachige Märkte zu gelangen als umgekehrt.

Gleichzeitig werden auf diese Weise die Chancen anderssprachiger Werke auf internationale Verbreitung generell geschmälert. Laut Allen (2007: 23) erhöht die Übersetzung eines Werkes in die englische Sprache dessen Chance in weiterer Folge auch in andere Sprachen übersetzt zu werden. Dies gilt sogar für verbreitete Originalsprachen wie Niederländisch, das von 16 Mio. NiederländerInnen und 6 Mio. BelgierInnen in Flandern gesprochen wird (Pauw 2007: 52). Als „the world's strongest linguistic currency" (Allen 2007: 23) verleiht Englisch einem Werk internationale Sichtbarkeit: „It opens up the ‚International Republic of Letters' to the author." (Pauw 2007: 52) Auch wenn ein Werk nach seiner englischen Übersetzung nicht auch noch in andere Sprachen übersetzt wird, erreicht es alleine schon durch seine englischsprachige Verfügbarkeit ein globales Publikum (Allen 2007: 23).

Für Allen (ebd.: 25) stellt sich die Lage nicht-englischsprachiger AutorInnen, die ihre Werke in den globalen Strom bringen möchten, als fast ausweglos dar; auf Basis von Daten des Center of Book Culture schlussfolgert sie,

> „that the odds against being translated into English that confront individual writers in flourishing literary cultures such as Argentina are almost hopeless: out of the hundreds of writers who populate the country's vibrant literary environment, fewer than one per year (and not necessarily a living one) will see one of his or her books translated into English."

Im Bereich der Literaturwissenschaft ist ein wesentlicher Hintergrund, dass Übersetzungen an US-amerikanischen Universitäten stark abgewertet werden – so sehr, dass LiteraturwissenschafterInnen, die Übersetzungen herausgeben, dies aus Angst vor Reputationsverlust und Nachteilen für ihre Karriere unter Pseudonym tun, oder sie nicht auf ihren CVs führen. Überwiegend wird darauf verzichtet, Werke aus anderen Sprachräumen zu übersetzen, stattdessen werden Monografien über den jeweiligen Autor/die jeweilige Autorin auf Englisch veröffentlicht, das jeweilige Originalwerk bleibt unübersetzt; generell sei es für LiteraturwissenschafterInnen in den USA bei weitem besser, zum Thema Übersetzung zu publizieren als selbst zu übersetzen. Auch im US-Verlagswesen herrscht eine eher negative Einstellung zu Übersetzungen, die tendenziell als „unsaleable" (ebd.: 30) begriffen werden. Wo es zur Publikation von Übersetzungen kommt, geht dies kaum mit Marketingaktivitäten für diese Werke einher (ebd.: 28–31).

In kleinem Rahmen sind aber auch Gegentendenzen zur Dominanz des Englischen in der Literaturübersetzung festzustellen. Laut Pauw (2007: 52) ist gerade in Osteuropa Interesse an Literatur aus kleineren europäischen Buchmärkten gegeben, und auch China, Indien und andere neue Aufsteiger im Buchbereich sind offener für eine Vielfalt von Kulturen.

Fallstudien zu einzelnen Ländern (siehe nächster Abschnitt) unterstreichen die Schwierigkeit, sich mit nicht-englischsprachiger Literatur am internationalen Buchmarkt durchzusetzen, zeigen aber auch die je nach Land unterschiedliche Kultur im Umgang mit übersetzter Literatur und ÜbersetzerInnen. Manche Länder zeigen sich offener für Übersetzungen und bringen ÜbersetzerInnen mehr Wertschätzung entgegen als andere.

2.5.3.2 Die Lage der Übersetzungen im exemplarischen Ländervergleich

Ausgewählte Fallstudien aus dem PEN/IRL-Report „To Be Translated or Not To Be" sollen im Folgenden einen exemplarischen Eindruck von der je nach nationalem Buchmarkt teils variierenden Lage der Übersetzungen vermitteln.

Niederlande

Pauw (ebd.: 50) zufolge findet kaum Transfer von niederländischer Literatur in andere Sprachen statt, niederländische AutorInnen bezeichnet er als „in general relatively invisible in the international Republic of Letters". Es gibt wenige AutorInnen und Länder, die Ausnahmen darstellen. So ist niederländische Literatur in Deutschland sehr verbreitet. Auch stammt mit dem Tagebuch der Anne Frank eines der weltweit meistübersetzten Bücher aus den Niederlanden. Umgekehrt sind die Niederlande sehr offen für übersetzte Literatur aus anderen Ländern: Ungefähr die Hälfte der Bucherscheinungen auf dem niederländischen Markt sind Übersetzungen. Anders als in den USA genießen Übersetzungen in den Niederlanden hohes Ansehen, weil Übersetzung als eine Art Filter begriffen wird: „[O]nly the best makes it to the Dutch market" (ebd.).

Dementsprechend werden auch ÜbersetzerInnen in den Niederlanden wertgeschätzt, trotz bescheidener Einkünfte können viele von ihrem Beruf leben, während ÜbersetzerInnen im Ausland oft Zusatzjobs annehmen müssen. Die beherrschende Stellung englischsprachiger Literatur zeigt sich allerdings, wie in vielen anderen Ländern, auch in den Niederlanden und hat laut Pauw (ebd.: 51) negative Auswirkungen auf die Qualität der übersetzten Literatur: „For the Dutch market this means that publishers are more inclined to publish the umptieth representative of English-language *chick lit* than a German masterpiece novel [Hervorh. im Original]." Dennoch ist auch Deutsch, die zweitgrößte europäische Sprache, mit 95 Mio. Native Speakers in Europa und 120 Mio. weltweit (Stock 2007: 63) eine attraktive Sprache im Literaturbetrieb. Laut Pauw (2007: 52) erhöht die Übersetzung eines niederländischen Romans ins Deutsche sein potentielles Publikum um ein Fünffaches.

Deutschland

Auch Stock (2007: 65) hält fest, dass die Übersetzung ihrer Werke ins Deutsche einigen osteuropäischen AutorInnen erst weltweite Aufmerksamkeit verschaffte. Als Beispiel nennt sie den ungarischen Literaturnobelpreisträger Imre Kertész, der aus ihrer Sicht den Nobelpreis nicht bekommen hätte können, „were it not for the German translation, that gave other countries access to his work."

Obwohl es sich bei Deutsch um eine starke Sprache handelt, erscheinen am deutschen Buchmarkt die meisten Übersetzungen weltweit. Literaturübersetzung hat in Deutschland eine lange historische Tradition, die bis ins Mittelalter zurückreicht, und ihre Bedeutung hält sich durchgehend bis in die Gegenwart. Zurückzuführen ist dies auf eine rege Autoren-Übersetzer-Kultur ab dem 18. Jahrhundert. Erfolgreiche deutsche Autoren wie Goethe, Herder und Rilke betätigten sich selbst als Übersetzer und machten dadurch nicht nur ausländische Werke für deutsches Publikum zugänglich, sondern prägten auch das Image, das Übersetzungen in Deutschland haben: Sie werden als Kunst begriffen und haben entsprechendes Prestige. Prominente deutschsprachige AutorInnen sind/waren vielfach auch als ÜbersetzerInnen aktiv, etwa Paul Celan, Peter Handke, Hans Magnus Enzensberger, Elfriede Jelinek oder Mirjam Pressler, auch junge aufstrebende AutorInnen wie Antje Strubel oder Bachmann-Preisträgerin Terézia Mora führen diese Tradition fort, zum Teil betätig(t)en sich auch deutsche VerlegerInnen wie Michael Krüger, Alexander Fest oder Joachim Unseld als ÜbersetzerInnen. Übersetzte Werke sind dementsprechend in allen Arten von Buchhandlungen verfügbar und Bücher englischsprachiger AutorInnen dominierten lange Zeit die deutschen Bestsellerlisten.

Seit den 2000er-Jahren findet aber auch immer mehr Literatur aus Afrika, Asien, Lateinamerika und Osteuropa den Weg auf den deutschen Buchmarkt. Es gibt in Deutschland zahlreiche Förderungen kultureller Organisationen für Übersetzungen, und auch die Buchpreisbindung wirkt sich unterstützend aus, da sie es auch kleinen Verlagen erleichtert, Bücher ins Sortiment aufzunehmen, deren Verkaufserfolg schwer eingeschätzt werden kann (ebd.: 64–67). Es fällt auf, z.B. im Vergleich zwischen den USA und Deutschland, wie unterschiedlich die nationale Kultur im Hinblick auf Übersetzungen ausfallen kann: von großer Offenheit gegenüber ausländischer Literatur, womöglich sogar in der Form, dass AutorInnen als ÜbersetzerInnen ausländischen KollegInnen den Weg in den Markt bereiten, bis hin zu stark in sich geschlossenen Märkten, in denen inländische Literatur dominiert und Übersetzungen wie auch ÜbersetzerInnen abgewertet werden.

2016 erschienen am deutschen Markt 10.496 Übersetzungen, was einem Wachstum von 3,1 % gegenüber dem Vorjahr entspricht. 2008 bis 2016 handelte es sich bei ca. 12 % aller Erst- und Neuauflagen um Übersetzungen. Werden nur die Erstauflagen berücksichtigt, liegt der Anteil der Übersetzungen bei 13,6 %. Über zwei Drittel der Übersetzungen auf dem deutschen Markt stammen aus dem englischsprachigen Raum. Starken Einfluss darauf, welche Werke ins Deutsche übersetzt werden, haben jährlich die Gastlandschwerpunkte der Frankfurter Buchmesse. So verdreifachte sich die Zahl der Übersetzungen aus dem Niederländischen im Jahr nach dem Gastlandauftritt und Niederländisch rückte von der sechst- auf die viertwichtigste Herkunftssprache auf. An zweiter Stelle der wichtigsten Herkunftssprachen im deutschen Buchmarkt steht 2016 Französisch, an dritter Stelle Japanisch, wobei der Großteil der Übersetzungen aus dem Japanischen keine Bücher, sondern Mangas betrifft. Deutschlands wichtigster Lizenznehmer wiederum ist China, gefolgt von Spanien, Frankreich, Tschechien und der Türkei. Nach Sprachräumen gruppiert ist der stärkste Lizenznehmer von Deutschland ebenfalls China, gefolgt vom englischsprachigen und vom spanischsprachigen Raum (Börsenverein des Deutschen Buchhandels/Frankfurter Buchmesse 2017: 6f.).

Globale Ströme zwischen zwei Ländern existieren also nicht unbedingt zweiseitig, teils geht der Transfer von Texten – und damit auch von Kultur – stärker in eine Richtung als in die andere, was gerade im Austausch zwischen dem deutschsprachigen und dem asiatischen Raum deutlich wird.

Die hohe ideelle Wertigkeit von Literaturübersetzungen in Deutschland schlägt sich allerdings nicht in einer finanziell abgesicherten Situation für traditionelle ÜbersetzerInnen nieder: Im Gegensatz zu etwa den Niederlanden sichert Übersetzen alleine kaum das Überleben. Verbesserungen ergaben sich ab Anfang der 2000er-Jahre, als – zum Widerstreben vieler Verlage – ein Gerichtsurteil entschied, dass ÜbersetzerInnen an den Einnahmen aus den von ihnen übersetzten Werken beteiligt werden müssen. Zuvor war dies nur bei Bestsellern der Fall gewesen (Stock 2007: 67). Auch die öffentliche Diskussion, die dem Urteil folgte, erhöhte die Sichtbarkeit der ÜbersetzerInnen. Einige Verlage begannen, die Namen der oft vergessenen „shadow heroes of literature" (Auster 2007: 7) auf dem Buchcover abzudrucken und ÜbersetzerInnenbiografien in ihre Kataloge aufzunehmen (Stock 2007: 67). Um die Sichtbarkeit und Wertschätzung für ÜbersetzerInnen und ihre Arbeit geht es auch bei der „Übersetzerbarke", die auf der Frankfurter Buchmesse vom Verband deutschsprachiger Übersetzer literarischer und wissenschaftlicher Werke (VdÜ) verliehen wird. Mit ihr werden seit 2004 jährlich VerlegerInnen oder andere Personen ausgezeichnet, die sich um die Förderung von ÜbersetzerInnen bemühen (Feldnotizen FBM 2017; VdÜ – die Literaturübersetzer 2017).

China

In China ist der Anteil übersetzter Literatur auf dem Buchmarkt äußerst gering. Konkrete und ganz aktuelle Zahlen gibt es nicht, Maipings (2007: 73) Berechnungen in seiner China-Fallstudie im Bericht „To Be Translated or Not To Be" erscheinen im Detail fehlerhaft[31]. Zudem sind in Hongkong, Macao und Taiwan erschienene Übersetzungen in diesen Anteilen

---

31 Der Anteil der Übersetzungen an den Neuerscheinungen am chinesischen Markt beträgt bei Maiping (2007: 73) im Jahr 2003 sowohl an der Gesamtzahl der Buchneuerscheinungen als auch an der Zahl der Neuerscheinungen in der Belletristik 0,01%. In absoluten Zahlen seien etwas weniger als 100 neu erschienene Werke übersetzt worden, wobei es sich bei diesen nahezu ausschließlich um belletristische Werke gehandelt habe. Insgesamt seien am chinesischen Markt 2003 110.000 neue Werke erschienen, davon 10.000 im Bereich der Belletristik. Der Übersetzungsanteil von 0,01% ist damit weder anhand der Gesamtzahl der Neu-

nicht enthalten. Eine wichtige offene Frage ist auch, wie sich die Lage der Übersetzungen infolge des starken Marktwachstums der letzten Jahre verändert hat, ob sich also das Interesse der gewachsenen Mittelklasse in China auch in größeren Anteilen an übersetzter Literatur niedergeschlagen hat.

Einen (lediglich) ungefähren Eindruck können Bestsellerlisten verschaffen. Das chinesische Buchmarktforschungsunternehmen OpenBooks hat eigene Top 20-Bestsellerlisten für ausländische Werke: Die „Foreign Author Fiction Bestsellers in China" für Oktober 2017 kommen aus Japan (9/20), Großbritannien (3/20), den USA (3/20), Kolumbien (3/20), Frankreich (1/20) und Schweden (1/20), darunter auch Longseller wie etwa Khaled Hosseinis „Drachenläufer". Die „Foreign Author Nonfiction Bestsellers in China" für denselben Zeitraum kommen aus den USA (11/20), Israel (2/20), Großbritannien (4/20), Frankreich (2/20) und Indien (1/20), auch diese Liste enthält einen großen Anteil an Longsellern. In den allgemeinen Top 20 der fiktionalen Werke, in die Bestseller unabhängig vom Herkunftsland des Autors/der Autorin eingehen, überwiegen sogar die ausländischen AutorInnen: 13 der 20 gelisteten Bestseller stammen von ausländischen SchriftstellerInnen, wobei einige davon mehrfach, d.h. mit unterschiedlichen Werken gleichzeitig, vertreten sind. In den Top 20 der „Nonfiction Bestsellers in China" tauchen nur vier ausländische Werke auf, drei von ihnen (zwei davon vom selben Autor) jedoch innerhalb der Top 7 (eigene Berechnungen auf Basis von Anderson 2017). Wenngleich daraus nicht berechnet werden kann, wie hoch der Gesamtanteil übersetzter Literatur in China ist, leitet sich durchaus ab, dass die Bedeutung ausländischer AutorInnen in China im Vergleich zu Maipings (2007: 73) Daten deutlich gestiegen sein muss.

Auch was den Fluss von Übersetzungen in die andere Richtung betrifft, zeichnet sich der starken Entwicklung von China in den letzten Jahren entsprechend Veränderung ab. Laut Maiping (ebd.: 74) waren 2005 weniger als 5% aller Mitglieder der offiziellen AutorInnenvereinigung „Chinese Writers Association" in der Situation, dass jemals eines ihrer Werke in eine andere Sprache übersetzt worden wäre; allerdings deutet Maiping (ebd.: 75) bereits an, dass infolge des wirtschaftlichen Wachstums von China auch das internationale Interesse an chinesischer Literatur zunehme. Dementsprechend hält Peng (2014: 343) fest, dass sich der internationale Ein-

---

erscheinungen noch anhand der belletristischen Neuerscheinungen nachvollziehbar und müsste eigentlich bei etwa 0,1% (Gesamtzahl) bzw. 1% (Belletristik) liegen.

fluss chinesischer Kultur deutlich verstärkt habe, was sich nicht zuletzt auch am Literaturnobelpreis für den chinesischen Schriftsteller Mo Yan 2012 äußere. Dennoch sieht auch er eine Reihe von „blocking forces" (ebd.), die den Transfer von chinesischer Literatur in andere Länder der Welt behindern: Zum einen sind dies gravierende kulturelle Unterschiede zwischen dem asiatischen und dem europäischen Raum, die sich auch in Sprache und Sprachgebrauch eingeschrieben haben. Viele Begrifflichkeiten sind kulturell aufgeladen, haben spezifische Bedeutungen und Verwendungskontexte, teils auch Doppeldeutigkeiten, die in der Übersetzung schwer vermittelt werden können. Auch unterschiedliche Denkweisen, Einstellungen, Gewohnheiten und Traditionen schlagen sich in der Literatur nieder, etwa darin, dass in China heikle Themen wie Sexualität weniger direkt, sondern vielmehr metaphorisch angesprochen werden, wobei Angehörige anderer Kulturen die jeweiligen Metaphern eventuell nicht einordnen können. Zum anderen mangle es an qualifizierten LiteraturübersetzerInnen, die den genannten Herausforderungen gewachsen sind, weil sie entsprechend tiefgehendes Wissen über chinesische Kultur und chinesische Klassiker haben (ebd.: 344). Maiping (2007: 75) erwähnt zudem die Situation dissidenter AutorInnen, die es bereits im Inland schwer haben publiziert zu werden und deren Chancen auf Übersetzung in andere Sprachen folglich besonders gering sind.

In China ist das Verlagswesen offiziell in staatlicher Hand; es dürfen keine privaten Verlage gegründet werden, wobei es trotzdem „ungefähr 10.000 sogenannte ‚Private Kulturunternehmen'" (Hubschmid 2016) gibt, d.h. „Unternehmen, die wie Verlage arbeiten, sich aber offiziell nicht als solche bezeichnen dürfen." (ebd.) Allerdings sind nur staatliche Verlage berechtigt ISBN-Nummern zu vergeben, weswegen Privatverlage für ihre Buchveröffentlichungen von der Zusammenarbeit mit staatlichen Verlagen abhängig sind. Meist erwirbt dann der staatliche Verlag Lizenzen vom privaten Verlag und publiziert das Buch unter eigenem Namen (ebd.). Es kann auch vorkommen, dass Bücher dissidenter AutorInnen zunächst „in einer bereinigten Version" publiziert und nach einer Weile trotzdem wieder vom Markt genommen werden, wie dies beim späteren Träger des Friedenspreises des Deutschen Buchhandels Liao Yiwu und seinem Buch „Interviews with People from the Bottom Rung of Society" der Fall war. Kurz nach der „bereinigten" Veröffentlichung wurde das Buch trotz begeisterter Kritiken von den chinesischen Behörden wieder verboten. Die Publikation des Buches in einem taiwanesischen Verlag ebnete schließlich den Weg zu englischen und französischen Übersetzungen, die Liao Yiwu internationale Bekanntheit verschafften. Da ihm von den chinesischen Behörden verboten wurde im Ausland zu veröffentlichen oder dort Lesungen zu geben, flüchtete Liao Yiwu aus China nach Deutschland und publiziert heute vom Exil aus (internationales literaturfestival berlin o.J.).

Das Beispiel China zeigt, wie einschneidend globale Ströme von Literatur nicht nur von Übersetzung und wirtschaftlicher Entwicklung, sondern auch von politischen Regulierungen abhängig sein können. Repressive Politik beschränkt oder verhindert den globalen Fluss von Literatur und der darin transportierten Kultur, Wissensbestände und Meinungen – in beide Richtungen. Laut Maiping (2007: 74) werden im Exil lebende chinesische SchriftstellerInnen im Allgemeinen häufiger übersetzt als AutorInnen, die in China publizieren. Diejenigen, die es geschafft haben, die Beschränkungen aus der repressiven Politik ihres Herkunftslandes zu überwinden, gelangen also auch leichter in den internationalen Strom. Umgekehrt ist der Fluss von Texten chinesischer ExilautorInnen zurück in das eigene Land ebenfalls durch politische Regulierung unterbrochen, wie am Beispiel des chinesischen Autors Gao Xingjian deutlich wird: Er publiziert seit 1987 aus dem Exil, wurde 2000 bereits als Exilautor mit dem Literaturnobelpreis ausgezeichnet, schreibt nach wie vor auf Chinesisch, wobei seine Bücher in diverse Sprachen übersetzt werden, aber in China sind seine Werke verboten (ebd.: 74f.).

2.5.3.3 Motoren für die globale Dissemination von Buchcontent

Übersetzungsförderung spielt eine große Rolle, um die internationale Verbreitung von Literatur zu ermöglichen. Allen/Škrabec (2007: 93–115) geben einen Überblick über vielfältige Aktivitäten und Instrumente, mit denen in den USA und in der EU Literaturübersetzung finanziell unterstützt wird. EmpfängerInnen der Förderung können einerseits ÜbersetzerInnen selbst sein, deren Tätigkeit auf diese Weise finanziell erleichtert werden soll, in Form von Stipendien und Zuschüssen, dotierten Auszeichnungen oder Residenzprogrammen. Letztere ermöglichen es ÜbersetzerInnen für begrenzte Zeit, üblicherweise eine Woche bis hin zu mehreren Monaten, an einem speziellen, meist als malerisch beschriebenen Ort, zu verbringen, um sich dort ungestört und versorgt der Übersetzung eines Werkes zu widmen. Je nach konkreter Ausgestaltung des Programmes kann es zusätzlich auch um die Vernetzung zwischen ÜbersetzerInnen bzw. um deren gemeinsames Arbeiten (wie etwa im US-amerikanischen Ledig House) oder um den intensiven Austausch mit dem Autor/der Autorin des zu übersetzenden Werkes gehen (wie etwa in der französischen Maison des écrivains étrangers et des traducteurs).

Andererseits gibt es auch Förderungen für VerlegerInnen, die übersetzte Werke herausbringen möchten. Hier geht es darum, anfallende Kosten für die Übersetzung des ausländischen Werkes in die jeweilige Landessprache, aber auch für andere Schritte in der Wertschöpfungskette eines Buches, vor allem auch Marketingaktivitäten, zu subventionieren. FördergeberInnen, die solche Unterstützungen ins Leben rufen und ausschreiben, sind ÜbersetzerInnen- oder AutorInnenorganisationen (wie z.B. PEN International[32] oder die American Literary Translators Association), Ministerien, von der Regierung eingerichtete oder unterstützte Organisationen, Vereine oder auch Universitäten (ebd.). Die genauen Verflechtungen hinter der jeweiligen Einrichtung sind nicht immer zu durchblicken, Allen/Škrabec (ebd.: 109f.) listen unter „Public Funding" in Europa nur scheinbar homogene, tatsächlich aber unterschiedliche Typen von Einrichtungen. Bei näherer Recherche auf den jeweiligen Websites ergeben sich tatsächliche Einrichtungen der Regierung (wie etwa das französische Centre National du Livre, das dem Ministère de la Culture et de la Communication unterstellt ist), teils scheint es sich aber auch um im Prinzip unabhängige Vereine bzw. Non-Profit-Organisationen zu handeln, die von der Regierung Förderungen für ihre Tätigkeit erhalten, staatliche Finanzmittel in Form von Förderprogrammen ausschreiben und die jeweiligen Maßnahmen (z.B. Residenzen, ÜbersetzerInnenwerkstätten, Sommerakademien) organisieren. Inwieweit eine öffentliche Einrichtung staatlich ist oder nur mit staatlichen Finanzmitteln operiert, ist nicht immer klar festzustellen. Es gibt jedenfalls eine große Vielfalt öffentlicher nationaler Einrichtungen, die sich um die Förderung von ÜbersetzerInnen und Übersetzungen bemühen, z.B. den niederländischen Fonds voor de Letteren, das deutsche Literarische Colloquium Berlin, die ebenfalls deutsche Gesellschaft zur Förderung der Literatur aus Afrika, Asien und Lateinamerika oder das katalanische Institució de les Lletres Catalanes. Beispiele für Universitäten, die sich in der Übersetzungsförderung engagieren, sind das International Center for Writing and Translation an der University of California oder auch die Universität von Amsterdam, die eine der vier PartnerInnen hinter dem Projekt Residency for Writers in Amsterdam ist (ebd.: 93–115). Es gibt auch Programme zur Übersetzungsförderung, bei denen mehrere Länder einer

---

32 Die nationalen PEN-Organisationen betätigen sich im Sinne der Sichtbarmachung von übersetzter Literatur vielfach auch selbst als HerausgeberInnen, in Form von Magazinen oder Anthologien (Allen/Skrabec 2007: 98).

europäischen Region kooperieren, etwa gemeinsame Programme der baltischen, der skandinavischen oder der zentral- und osteuropäischen Länder (ebd.: 101). Sehr bekannt ist auch das Georges-Arthur-Goldschmidt-Programm, das jungen deutsch-französischen ÜbersetzerInnen durch Arbeitsaufenthalte in Frankreich, Deutschland und der Schweiz die Möglichkeit zum Kompetenzaufbau bieten möchte und von der Frankfurter Buchmesse, dem Bureau International de l'Edition Française, dem Deutsch-Französischen Jugendwerk und der Pro Helvetia in Kooperation durchgeführt wird (Deutsch-Französisches Jugendwerk 2018). Ebenfalls daran beteiligt sind PartnerInnenorganisationen wie das Literarische Colloquium Berlin, das Räumlichkeiten für das Programm zur Verfügung stellt (Literarisches Colloquium Berlin o.J.). Förderprogramme beziehen sich also nicht nur auf die unmittelbare Finanzierung der Übersetzung eines bestimmten Werkes, sondern auch auf die Aus- und Weiterbildung von ÜbersetzerInnen im Allgemeinen.

Hochbedeutsam für nicht-englischsprachige Länder sind laut Allen/ Škrabec (2007: 103) Förderungen für die vollständige oder teilweise Übersetzung von Büchern ins Englische, einerseits, um den englischsprachigen Markt anzusprechen, andererseits und vor allem aber, um über die Vermittlung dieser verbreiteten Sprache auch von anderen Märkten wahrgenommen zu werden. Oft geht es dabei auch um Magazine, Broschüren, Websites oder Anthologien, in denen Ausschnitte aus Werken abgedruckt oder Reviews zu Büchern gegeben werden. Beispiele sind die Website frenchbooknews.com des Bureau du Livre an der französischen Botschaft in London, das ebenfalls in London angesiedelte Magazin „New Books in German" oder die Bücher „Books from Holland and Flanders", „Quality Nonfiction from Holland" und „Children's Books from Holland" der Foundation for the Production and Translation of Dutch Literature. Teils werden auch Kontakte für Rechte- und Lizenzeinkauf und Übersetzungsförderung angegeben (ebd.: 103f.; French Book News 2018; Goethe-Institut o.J.).

Förderungen des Staates präferieren charakteristischerweise eine bestimmte Flussrichtung, nämlich die der eigenen Literatur ins Ausland. Es gibt bei weitem mehr staatliche Förderinstrumente, mit denen die Übersetzung inländischer Werke in andere Sprachen angeregt werden soll, als umgekehrt, um ausländische Literatur in übersetzter Form ins eigene Land zu bringen. Dies kann allgemein festgehalten werden, äußert sich jedoch je nach Land in unterschiedlichem Ausmaß: In großen Ländern gibt es trotz der Präferenz, inländische Werke ins Ausland zu bringen, spezifische Organisationen, deren Zweck darin besteht, ausländisches Literaturschaffen für die eigene Sprache zugänglich zu machen. In kleinen Ländern fehlen derartige Organisationen oftmals, in den Niederlanden beispielsweise gibt es keine Möglichkeit für inländische Verlage, die an der Übersetzung ausländischer Werke interessiert sind, öffentliche Förderungen für dieses Vorhaben zu beantragen (Allen/Škrabec 2007: 109). Übersetzungen von niederländischer Literatur in andere Sprachen werden hingegen von der Foundation for the Production and Translation of Dutch Literature unterstützt, aus Finanzmitteln des Ministeriums für Kultur und Bildung. Die Foundation subventioniert ausländischen Verlagen, die ein niederländisches Werk übersetzen lassen und veröffentlichen möchten, bis zu 70 % der Übersetzungskosten und betreibt auch Werbeaktivitäten im Ausland für niederländische Literatur (Pauw 2007: 50).

Auch allgemein ist festzuhalten, dass es je nach Land, der Bedeutung, die Literatur dort generell hat und der Offenheit gegenüber übersetzter Literatur variiert, wie viel von der oben genannten, theoretischen Fülle an Förderinstrumenten auch tatsächlich existiert. Adamo (2007: 56) moniert in ihrer Fallstudie zu Argentinien im Report „To Be Translated or Not To Be" einen Mangel an staatlicher Unterstützung für das Verlagswesen, sie spricht wörtlich von

> „almost zero support given by the state to publishing activities so that there are very few subsidies for writers and publishers in the country and none at all for translators. Neither are there prizes or competitions of any kind that might represent some sort of encouragement, if only ‚psychological'."

Immer wieder bringen auch ÜbersetzerInnen gezielt bestimmte Titel bei Verlagen ins Gespräch und regen dadurch den globalen Fluss von Texten an. Ein österreichischer Verleger erzählt auf der Frankfurter Buchmesse 2017, dass in Lizenzverlagen bzw. Verlagen mit internationalem Programm auch ÜbersetzerInnen in der Akquise tätig sind. ÜbersetzerInnen suchen oft aktiv nach Neuerscheinungen in anderen Ländern, die sie dem Verlag für sein Sortiment vorschlagen, und der Verlag vertraut auf ihr Urteil (Feldnotizen FBM 2017).

Auch Literaturpreise beeinflussen globale Ströme von Texten. Auf der Frankfurter Buchmesse 2016 diskutierten Autor und Strega Preis-Gewinner Nicola Lagioia, Agentin Elisabeth Ruge und die künstlerische Leiterin der Booker Prize Foundation Gaby Wood unter dem Panel-Titel „The Winner Takes it All" über dieses Thema. Bekannte Literaturpreise schaffen Sichtbarkeit für AutorInnen und Verlage und sorgen dafür, dass die Presse über Wochen oder Monate hinweg – von der Veröffentlichung der Longlist bis nach der Verleihung – über die Nominierten, die PreisträgerInnen und die Verlage, in denen sie publizieren, berichtet. Elisabeth Ruge erzählte, wie von einem Roman eines unabhängigen Verlages nach seiner Auszeichnung mit dem Deutschen Buchpreis Lizenzen in verschiedene Länder verkauft worden waren, was aus ihrer Sicht ohne die Auszeichnung nie der Fall gewesen wäre. Umgekehrt werden in Deutschland englische und französische Literaturpreise mit Interesse beobachtet und die prämierten Bücher dann ins Deutsche übersetzt. Nicola Lagioia plädierte deshalb für einen European Prize, denn US-AutorInnen seien in Europa sehr bekannt, während man in den USA kaum etwas über AutorInnen aus Portugal, Deutschland, Polen oder anderen europäischen Ländern wisse (Feldnotizen FBM 2016). Von AgentInnen war auf der Messe zu hören, dass Literaturpreise auch für sie eine wichtige Plattform sind, um vielversprechende AutorInnen aufzuspüren, wie z.B. Astrid Poppenhusen in einem Bühneninterview auf der Frankfurter Buchmesse 2017 erzählte (Feldnotizen FBM 2017).

Die Tatsache, dass bei Preisen nicht nominierte AutorInnen – auch solche, die es knapp nicht auf eine der Longlists schaffen – von der Presse ignoriert werden, wie Gaby Wood und Elisabeth Ruge berichteten, ist die Kehrseite eines „The Winner Takes it All"-Effekts, den Literaturpreise entfalten. Viel Kritik wird daher immer wieder an der Zusammensetzung der Jurys und an den Juryurteilen geübt. Die Vergabe von Literaturpreisen beruht unvermeidlicherweise auf Selektion, deren Ergebnis auch von den verwendeten Kriterien abhängt. Die jeweiligen Jurys arbeiten unterschiedlich, wie mehrfach am Podium festgehalten wurde: Manche achten auf Ausgewogenheit der Geschlechter oder zwischen großen und kleinen Verlagen unter den Nominierten, andere richten sich nicht nach solchen Gesichtspunkten und prämieren z.B. auch ausschließlich Männer oder mehrere Bücher aus demselben Verlagshaus. Es komme stark auf die Jury an, nach welchen Kriterien sie sich richtet oder auch, ob sie bestimmte Regeln des Preises einhält oder sich darüber hinwegsetzt. Elisabeth Ruge vermutete, dass es in den nächsten Jahren mehr Bemühungen um Diversität in den Jurys geben werde, da sich auch die Zusammensetzung der Jurys in bestimmten Präferenzen auswirke (Feldnotizen FBM 2016).

Die internationale Verbreitung von Texten durch Übersetzung beginnt in manchen Fällen stark zeitversetzt. Laut Gaby Wood werden Bücher teilweise erst Jahre, nachdem sie in der Originalsprache veröffentlicht wurden, übersetzt, wobei in manchen Fällen schon ein Jahrzehnt zwischen Originalveröffentlichung und Übersetzung vergangen ist (Feldnotizen FBM 2016). Auch wo es schnell zu einer Übersetzung und zu weltweitem

Erfolg kommt, kann sich der Einstieg in einzelne Ländermärkte stark verzögern. Wischenbart (2017b: 6) nennt als konkretes Beispiel die italienische Autorin Elena Ferrante. Ihre Romantrilogie „L'amica geniale" wurde 2011 in Italien veröffentlicht und zunächst sehr rasch, 2012, ins Englische übersetzt, wodurch die Autorin internationale Bekanntheit erlangte. Bis zur deutschen Übersetzung dauerte es trotz des globalen Erfolges, den Wischenbart (ebd.) sogar als „Ferrante fever" bezeichnet, jedoch weitere vier Jahre bis in den Herbst 2016.

2.5.3.4 Interkulturelle Unterschiede als Hindernis für die globale Verbreitung von Buchcontent

Kulturelle Spezifika und deren Akzeptanz in anderen Kulturen als Einflussfaktoren auf die globale Verbreitung von Texten werden auch von VerlegerInnen in den Interviews aus dem Projekt „Trading Cultures" angesprochen. Sprachliche Eigenheiten, die sich im Text eines Buches niederschlagen, können sogar in gleichsprachigen und kulturell sehr ähnlichen Ländern problematisch sein. Gerade für kleinere Länder mit einem dominierenden gleichsprachigen Land ergeben sich zum Teil Limitationen oder zumindest die Notwendigkeit Voraussetzungen zu erfüllen, die das kreative Schaffen einschränken.

So erzählt die Leiterin eines österreichischen Verlags, dass Bücher immer „deutschdeutsch" (Originalwortlaut der Interviewten) verfasst sein müssen, weil Austriazismen die Akzeptanz eines Buches auf dem deutschen Markt erschweren. Dies betreffe die Übersetzung von Werken aus Lizenzeinkäufen genauso wie den Stil der Originalwerke von österreichischen AutorInnen und gehe so weit, dass oft sogar deutsche LektorInnen beauftragt werden, da für InländerInnen manche österreichspezifischen Wendungen zu selbstverständlich sind, um ihnen noch aufzufallen (Interview D, Zeile 376-399). Kulturelle Spezifika sind hier also – für das Überleben von Verlagen notwendigerweise – Vermarktungsaspekten untergeordnet. In der ambivalenten Doppelkonstellation von Büchern als Kultur- und Wirtschaftsgut ist diesbezüglich die ökonomische Seite also stärker als der Aspekt des Kulturtransfers, der sich durch sprachlichen Lokalkolorit eröffnen könnte. Stock (2007: 64) zufolge äußert sich die Dominanz von Deutschland im deutschsprachigen Raum auch so, dass viele österreichische und Schweizer AutorInnen in deutschen Verlagen publizieren, weil die meisten großen Verlagshäuser dort angesiedelt sind (ebd.). Auch dies trägt dazu bei, dass der Schreibstil österreichischer und Schweizer AutorInnen vielfach bundesdeutsch gehalten ist.

Illustrationsstile sind – wie eine andere österreichische Verlegerin anspricht – kulturell teilweise sehr unterschiedlich. Nicht jeder Illustrationsstil „funktioniert" in jedem Markt. So werden aus der Erfahrung der befragten Verlegerin Illustrationen aus dem englischsprachigen Raum von deutschsprachigem Publikum meist nicht angenommen, und in Frankreich sei „Illustration so was von fortschrittlich und innovativ [...], dass dort konservative Illustration eigentlich kaum funktioniert, außer [...] im pädagogischen Bereich, aber ansonsten wenig im Buchhandel." (Interview A, Zeile 362-364).

Auch das schmälert den Spielraum beim Lizenzein- und verkauf. Nicht immer aber wirken kulturelle Barrieren in beide Richtungen. Illustrierte Bücher aus Europa finden im asiatischen Raum Absatz, erklärt eine Verlegerin: „[Das] hängt aber sicher auch damit zusammen, dass das Menschenbild des Westeuropäers sozusagen dort einen hohen Stellenwert hat. [...] [I]ch glaube, dass das deswegen dort ganz gut funktioniert. Ich bin aber ziemlich sicher, bei uns würde ein illustriertes Buch, bei dem ausschließlich asiatisch aussehende Menschen abgebildet sind, am Markt nicht funktionieren." (Interview A, Zeile 366-372)

Die im Lizenzhandel tätigen AkteurInnen benötigen folglich eine sehr differenzierte Marktkenntnis, welche die jeweiligen kulturspezifischen Präferenzen einschließt. Der Kulturtransfer, der gerade auf der Frankfurter Buchmesse vor allem im Bereich des „Weltempfangs" (siehe Kapitel 3) als wesentlicher Teil des Branchenselbstbildes betont, ja fast schon zelebriert wird, funktioniert also nicht immer und unterliegt ökonomischen Schranken. Ausschlaggebend für internationale Ströme und Nicht-Ströme von Texten sind die Doppelkonstitution des Mediums Buch als Wirtschafts- und Kulturgut betreffend letztlich jene Aspekte, die das Wirtschaftsgut ausmachen. Die primäre, übergeordnete Frage ist immer: Was funktioniert am jeweiligen Markt?

2.5.4 Ausblick: Die globale Diffusion von Texten und die Macht der englischen Sprache – beides geringer als gedacht?

Untersuchungen von Kovač/Wischenbart (2009) bzw. Wischenbart/Kovač (2016), die sich auf die jüngere Vergangenheit beziehen, deuten auf eine sich verändernde Lage hin. In ihren Analysen von Bestsellerlisten aus ausgewählten europäischen Märkten (Deutschland, Frankreich, Italien, Spanien, Schweden, Niederlande und Großbritannien) geht der Anteil von englischsprachigen AutorInnen sukzessive zurück, während der Anteil anderer Sprachen zunimmt. Vor allem Bücher aus Skandinavien, insbesondere solche aus dem Krimigenre, spielen in Kontinentaleuropa eine wichtige und zunehmende Rolle. Wischenbart/Kovač (ebd.: 27) sprechen von einem „readers' rush for Nordic crime", der bereits in den 1960er- und 1970er-Jahren mit AutorInnen wie Henning Mankell und Maj Sjöwall einsetzte und später mit Namen wie Stieg Larsson, Liza Marklund, Camilla Läckberg oder Jo Nesbø immer stärker wurde. Der Anteil[33] von Büchern mit nordischer Originalsprache an den Bestsellerlisten der untersuchten Märkte stieg laut Wischenbart/Kovač (ebd.: 26) zwischen 2008 und 2014 von 15 % auf 24 % an, während der Anteil englischsprachiger Bücher im selben Zeitraum leicht von 40 % auf 36 % sank. Auch insgesamt habe die Diversität in den untersuchten Buchmärkten zugenommen: Im Betrachtungszeitraum von 2008 bis 2010 beschränkte sich der Anteil ausländischer Literatur – neben Englisch und nordischen Sprachen – auf die Sprachen der untersuchten Buchmärkte, d.h. Literatur diffundierte von Büchern mit englischer oder nordischer Originalsprache abgesehen ausschließlich zwischen jenen Märkten, deren Bestsellerlisten Wischenbart und Kovač untersucht hatten. Im Zeitraum von 2010 bis 2014 fanden sich verstärkt auch Bücher anderer Originalsprachen in den Bestsellerlisten der untersuchten Länder, ihr Anteil lag bei 8 % (ebd.: 21–27).

Schon 2009 halten Kovač/Wischenbart (2009: 118) fest, dass die Rolle von Englisch als Intermediärssprache für die innereuropäische Verbreitung von Büchern geringer ist als angenommen werden könnte. Europäische Verlage in den größeren Märkten beschäftigen üblicherweise MitarbeiterInnen, die eine Vielzahl von Sprachen abdecken – d.h. Bücher unterschiedlichster Sprachen lesen – können; diese Personen sind die wesentlichsten Intermediäre in der Verbreitung von Literatur. Auch wenn die Verbreitungswege einzelner Bestseller in den Blick genommen werden, zeigt sich, dass die erste Übersetzung nicht immer in Englisch erfolgte. So erschien beispielsweise Stieg Larssons Romantrilogie Millenium zunächst in französischer Übersetzung, danach auf Deutsch, Italienisch und Englisch; auch Werke anderer europaweit bekannter AutorInnen wie An-

---

33 Um den Erfolg der AutorInnen zu messen, wurde von Wischenbart und Kovač ein Bewertungssystem gewählt, das den AutorInnen für jeden Titel abhängig von Rang und Zeitdauer der Präsenz in den jeweiligen Bestsellerlisten Punkte zuwies, diese Punkte wurden abschließend zu einem „impact factor" aufsummiert (siehe dazu genauer Kovač/Wischenbart 2009: 119).

na Gavalda, Camilla Läckberg, Carlos Ruiz Zafón oder Ildefonso Falcones verbreiteten sich zunächst über andere europäische Sprachen, bevor sie auch ins Englische übersetzt wurden (ebd.: 118, 123).

Nach wie vor gilt aber auch, dass AutorInnen, die ihre Werke in einer der verbreitetsten Sprachen verfassen, die größten Chancen haben, übersetzt zu werden und ein weltweites Publikum zu erreichen (Wischenbart/ Kovač 2016: 37). Zu diesen „big' languages" zählen Wischenbart/Kovač (ebd.) neben Englisch auch Deutsch, Französisch, Spanisch, Italienisch, Chinesisch und Japanisch.

Gleichzeitig ist bei genauerer Betrachtung der besondere Erfolg selbst international bekannter AutorInnen in erster Linie an einen Markt gebunden. Kovač/Wischenbart (2009: 121) nennen dies das „One Country Blockbuster Phenomenon". Mehr als die Hälfte der Top 40-AutorInnen in ihrer Untersuchung schafften es vor allem deswegen auf die gesamteuropäische Bestsellerliste, weil sie in einem bestimmten Land – ihrem Heimatland – herausragend viele Punkte gesammelt hatten. Zwar liegen ihre Bücher auch in anderen Sprachen vor, der Erfolg dieser Übersetzungen in den dortigen Bestsellerlisten reicht jedoch bei weitem nicht an den Erfolg im Heimatland heran. Dies betrifft auch US-amerikanische ErfolgsautorInnen, deren Werke in zahlreiche Sprachen übersetzt wurden, aber dennoch in den europäischen Bestsellerlisten nicht stark genug waren, um in die länderübergreifende Top 40-Liste von Kovač/Wischenbart (2009) Eingang zu finden. Markterfolg beruht also in hohem Maße auf heimischem Lesepublikum. Globalisierung und lokale Phänomene greifen ineinander (Stichwort: Glokalisierung) – in einer komplexen Art und Weise, die derzeit noch nicht voll zu erfassen ist und weiterer Forschung bedarf (ebd.: 121, 126).

3 Die Rolle von internationalen Buchmessen in der Buchbranche

Die in der Einleitung erwähnten Forschungsprojekte „Trading Cultures" und „Inside Trading Cultures" beinhalteten auch drei Feldforschungsaufenthalte auf internationalen Buchmessen. Mittels teilnehmender Beobachtung versuchte das Forschungsteam sich diese Messen von innen heraus zu erschließen und dabei mehr über ihre Rolle für die Buchbranche zu erfahren. Im Oktober 2016 und 2017 wurde auf diese Weise die Frankfurter Buchmesse beforscht, im April 2016 die Bologna Children's Book Fair. Ein wesentlicher Hintergrund bei der Auswahl der konkreten Messen war dabei das Bestreben sowohl eine Messe von allgemein hoher Bedeutung als auch eine Messe mit einer spezifischen Ausrichtung zu untersuchen. Bei der Frankfurter Buchmesse handelt es sich um die größte Buchmesse weltweit, die von ca. 280.000 BesucherInnen und ca. 7.500 AusstellerInnen aus mehr als 160 Ländern in Anspruch genommen wird (Frankfurter Buchmesse 2018a: 4, 12). Die Bologna Children's Book Fair ist, wie bereits ihr Titel verdeutlicht, auf ein bestimmtes Segment – die Kinderliteratur – spezialisiert und insofern besonders relevant für Kinderbuchverlage bzw. für Verlage, die (auch) Kinderbücher in ihrem Programm haben. Als größte Kinderbuchmesse der Welt zählt sie ca. 30.000 BesucherInnen und ca. 1.400 AusstellerInnen aus etwa 80 Ländern (Bologna Fiere o.J.). Kapitel 3 der vorliegenden Monografie lebt besonders stark auch von den Beobachtungen, die während der Feldforschungsaufenthalte in Frankfurt und Bologna gemacht wurden. Zunächst aber soll allgemein auf die historischen Wurzeln von Buchmessen eingegangen werden.

3.1 Zur Geschichte von Buchmessen

Buchmessen haben eine lange Geschichte, die bis ins Mittelalter zurückreicht. Als historischer Startpunkt von Buchmessen gilt die Einführung des „Buchdrucks mit beweglichen Lettern" durch Johannes Gutenberg um 1450. Aufgrund dieser Technik wuchs die Buchproduktion in hoher Geschwindigkeit, weswegen neue Distributionswege erschlossen werden mussten. Schon wenige Jahre nach der Einführung des Buchdrucks soll die erste Buchmesse in Frankfurt abgehalten worden sein (Cornils 2010: 261), wobei es kein „offizielles Gründungsdatum der Frankfurter Buchmesse" gibt (Weidhaas 2003: 21); es kursieren unterschiedliche Jahreszahlen, alle liegen sie aber in der zweiten Hälfte des 15. Jahrhunderts.

„Erste Messen mit Relevanz für das Buchgewerbe" gab es laut Niemeier (2001: 9) allerdings schon deutlich früher, „in Frankfurt ab 1240 und in Leipzig ab 1269". Etwa 200 Jahre vor dem modernen Buchdruck waren es handschriftlich vervielfältigte Bücher, mit denen auf den Messen gehandelt wurde, inhaltlich waren diese Bücher vorwiegend religiöser Natur oder es handelte sich um antike Klassiker. Schon damals zeichnete sich der heute noch für die Buchbranche typische Saisonenrhythmus ab: In Frankfurt wie auch in Leipzig gab es jeweils eine Frühjahrsmesse und eine Herbstmesse (ebd.). Zwar finden die Buchmessen heute nur noch einmal im Jahr statt (Frankfurt im Herbst, Leipzig im Frühjahr), doch ist kennzeichnend für die Buchbranche, dass jeweils zur Frühjahrs- und zur Herbstsaison die Verlagsneuerscheinungen auf den Markt kommen.

Frankfurt wurde aufgrund seiner strategisch günstigen Lage frühzeitig zu einer international wichtigen Messe- und Handelsstadt. Gelegen am Main, der wiederum in den Rhein mündet, bot Frankfurt eine damals hochbedeutsame Verkehrsader für den Transport von Gütern, zudem war Frankfurt gut über diverse Landwege erreichbar. Frankfurt erlangte daher bald einen Status als Knotenpunkt Westeuropas für den Handel – analog dazu Leipzig für Osteuropa (ebd.). Diese beiden Buchmessestädte standen im Laufe der Geschichte stark in Konkurrenz zueinander, zwischenzeitlich hatte Leipzig auch die größere Bedeutung (Cornils 2010: 261; Weidhaas 2003: 9).

Die Lage der Messestädte war insofern wichtig, als es sich bei diesen frühen Messen um so genannte Warenmessen handelte, d.h. alles, was verkauft werden sollte, musste physisch an den Messeort transportiert werden (Niemeier 2001: 9f.). Erst im 19. Jahrhundert ging man von der Warenmesse zur Mustermesse über, bei der anstelle des Transports aller Waren Musterexemplare ausgestellt wurden. Auf der Messe wurden keine Bücher mehr direkt verkauft, sondern auf Basis der Musterexemplare Bestellungen aufgenommen, die im Nachfeld der Messe an die KundInnen ausgeliefert wurden (Cornils 2010: 261; Niemeier 2001: 9–27). Insbesondere zu Zeiten der Warenmesse war die An- und Abreise für die Händler gefährlich, es kam oft vor, dass reisende Händler ausgeraubt wurden. Während der Messezeit wurden deshalb Schutz- und Geleitsysteme für die an- und abreisenden Händler eingerichtet (ebd.: 9–27). Bereits 1240 erließ Kaiser Friedrich II das „Frankfurter Messeprivileg", durch das Händlern der Frankfurter Messe kaiserlicher Schutz gewährt wurde. Das Messeprivileg drohte potentiellen Räubern nicht nur den „Zorn Unserer Majestät" (Messeprivileg, zit. nach Weidhaas 2003: 20) an, sondern ermöglichte es von bestimmten Sammelpunkten aus „von einer Art berittenen Polizei sicher zum Ort des Geschehens geleitet" (Lücke 2013: 68) zu werden (ebd.: 68f.; Weidhaas 2003: 19f.). Nach Lücke (2013: 69) war auch dieser kaiserliche Schutz ein großer Einflussfaktor darauf, dass Frankfurt frühzeitig eine hohe Bedeutung als Messestandort erlangte.

Nach mehreren florierenden Jahrhunderten verloren sowohl die Frankfurter als auch die Leipziger Buchmesse im Laufe des 19. Jahrhunderts sukzessive an Bedeutung. Die Leipziger Buchmesse wurde Ende des 19. Jahrhunderts eingestellt, die Frankfurter Buchmesse entwickelte sich ab etwa 1850 „weitgehend zu einer Zusammenkunft von Raubdruckern und wurde zu einer Veranstaltung regionalen Charakters. Schließlich, im Lauf des 19. Jahrhunderts, versank sie gänzlich in der Bedeutungslosigkeit." (Weidhaas 2003: 10)

Laut Schönstedt/Breyer-Mayländer (2010: 23) wurde die Frankfurter Buchmesse bereits 1764 eingestellt, und Leipzig wurde zu diesem Zeitpunkt zur zentralen Handelsplattform. Neugründungsversuche beider Messen zu Beginn des 20. Jahrhunderts scheiterten aufgrund der durch die Weltkriege politisch und wirtschaftlich erschwerten Umstände (Weidhaas 2003: 10). Erst nach dem Zweiten Weltkrieg wurden beide Messen erfolgreich wiedergegründet: die Leipziger Buchmesse 1946, die Frankfurter Buchmesse 1949 (Cornils 2010: 261; Weidhaas 2003: 10). Die Frankfurter Buchmesse nahm daraufhin bald eine internationale Vorbildrolle ein, OrganisatorInnen später eingeführter Messen orientierten sich an ihr (ebd.: 10f.). Weidhaas (ebd.: 11) verwendet diesbezüglich die Bezeichnung des „Frankfurter Modells". Generell wurden nach dem Zweiten Weltkrieg in diversen Ländern weltweit internationale Buchmessen gegründet. Außerhalb Deutschlands wurden erstmals in Warschau (1956), Belgrad und Toronto (1957) Buchmessen abgehalten (Moeran 2012: 123), gefolgt von der Bologna Children's Book Fair, für die leicht variierende Gründungsjahre genannt werden – laut Cornils (2010: 262) fand sie im Jahr 1963, laut Moeran (2012: 123) im Jahr 1964 erstmals statt. Anlass der Gründung war das damals mangelnde Interesse am Kinderbuch auf der Frankfurter Buchmesse (Marcus 2016: 65).

3.2 Buchmessen weltweit

Es gibt heute weltweit eine große Zahl von Buchmessen und es ist kaum möglich einen vollständigen Überblick zu erhalten. Die International Publishers Association (2017) beansprucht in ihrem „Global Book Fair Report 2017" einen „complete overview" (ebd.: 3) über das weltweite Buchmessegeschehen zu bieten und listet insgesamt 75 Buchmessen, die 2017 stattgefunden haben – von kleineren Messen wie der österreichischen Buch Wien bis hin zur weltgrößten Buchmesse in Frankfurt, gegliedert nach den Weltregionen Amerika, Afrika, Asien und Ozeanien, Mittlerer Osten und Zentralasien sowie Europa. Hundertprozentig vollständig dürfte die Liste gerade im Feld der kleineren Publikumsmessen aber nicht sein; in Österreich fehlt beispielsweise BuchQuartier, eine Buchmesse für kleine und unabhängige Verlage (vgl. BuchQuartier 2018). Je nach Publikationsjahr sind auch im Zweijahresrhythmus abgehaltene große Messen nicht in der Liste enthalten, etwa die Bienal Internacional do Livro de São Paulo (vgl. São Paulo International Book Fair o.J.). Einen ausnahmslosen Komplettüberblick über sämtliche Buchmessen gibt es also nicht.

Eher finden sich Auflistungen der als am wichtigsten begriffenen Messen. 2015 führte die International Publishers Association eine Befragung unter ihren Mitgliedern durch, welche die für sie wichtigsten Fachmessen („their must-attend book fairs") des Jahres waren. Die folgende Tabelle zeigt das Ergebnis (International Publishers Association 2016b: 2f.).

Tabelle 10: Die wichtigsten Fachmessen in der Mitgliederbefragung der IPA
2016 (ebd.)

	Messe
1	Frankfurt
2	London
3	Bologna
4	Guadalajara
5	Paris
6	Book Expo America
7	Peking
8	Göteborg
9	Moskau, Seoul, Taipeh
10	Delhi, Istanbul

Auch aus den Interviews zum Projekt geht übereinstimmend Frankfurt als die wichtigste Messe hervor. Ein Interviewpartner bezeichnet die Frankfurter Buchmesse wörtlich als den „Super-Knoten, weil sich da alle Funktionalitäten dieser Branche irgendwo kreuzen [...]. Da kreuzen sich alle Agenden." (Interview E, Zeilen 34 – 41) Welche Messen sonst noch besonders wichtig sind, hängt auch vom jeweiligen Verlag bzw. Unternehmen und dessen Tätigkeitsfeld ab. Während der gerade zitierte Interviewpartner Frankfurt und London als die „zwei Leitmessen" (ebd., Zeile 33) hervorhebt, gibt eine andere Interviewpartnerin an, dass London für ihren Verlag nicht bedeutend sei; London sei in erster Linie für jene interessant, die Lizenzen am englischsprachigen Markt ein- und verkaufen (Interview D, Zeilen 953 – 958).

Manchmal müssen aus Kapazitätsgründen Abstriche gemacht werden, insofern als in finanzieller, personeller und/oder terminlicher[34] Hinsicht nicht alle Messen, die für den Verlag relevant wären, besucht werden können, d.h. auch unter den besonders wichtigen Messen müssen eventuell Auswahlen getroffen werden. Eine Interviewpartnerin führt in diesem Sinne an, dass London in den letzten Jahren eine immer größere Rolle für die Buchbranche spiele, der Verlag jedoch traditionell bereits auf vier Messen im Jahr vertreten und eine weitere Messe nicht unterzubringen sei. Auf eine Teilnahme in London verzichte sie deshalb (Interview A, Zeilen 815 – 819), es sei sogar bereits überlegt worden, wegen der hohen Teilnahmekosten auch eine der vier langjährig besuchten Messen zu streichen (Interview F in Feldnotizen BCBF[35] 2016).

Bei der London Book Fair handelt es sich um die größte Frühlingsmesse[36] (ebd.: 4), eine Fachmesse, die in punkto AusstellerInnen- und Besuche-

---

34 Viele relevante Messen finden knapp hintereinander statt, London etwa Mitte März (z.B. 2019 von 12. bis 14. März (London Book Fair 2018a)), Paris in der zweiten Märzhälfte (z.B. 2019 von 15. bis 19. März (Livre Paris 2018)), Leipzig ebenso (z.B. 2019 von 21. bis 24. März (Leipziger Buchmesse 2018)) und Bologna Anfang April (z.B. 2019 von 1. bis 4. April (Bologna Children's Book Fair 2018a)).

35 BCBF ist das hier zu Zitationszwecken gewählte Kürzel für „Bologna Children's Book Fair". Mit „Feldnotizen BCBF 2016" zitierte Informationen stammen aus den Beobachtungen/Feldnotizen zu dieser Messe.

36 Die Frankfurter Buchmesse und die Feria Internacional del Libro de Guadalajara finden im Herbst statt – Frankfurt im Oktober (Frankfurter Buchmesse 2018b), Guadalajara im November/Dezember (Feria Internacional del Libro de Guadalajara 2018). Die Bologna Children's Book Fair und Livre Paris sind ebenfalls Frühlingsmessen und finden kurz nach der London Book Fair statt (siehe Fußnote 33).

rInnenzahlen deutlich kleiner dimensioniert und auch etwas weniger international aufgestellt ist als Frankfurt, allerdings durch ihren besonders starken Fokus auf Rechtehandel sehr wichtig geworden ist, weil „der internationale Handel mit Rechten so ziemlich das einzige Segment ist, das durchgängig wächst in dieser Branche", wie ein Interviewpartner festhält (Interview E, Zeilen 41 – 51, Direktzitat Zeilen 49 – 51). Die Bologna Children's Book Fair hat durch ihren Spezialfokus auf Kinder- und Jugendliteratur ebenfalls eine wesentlich kleinere Dimension als Frankfurt, ist aber gerade durch diesen Fokus für Kinder- und Jugendbuchverlage im Besonderen identitätsstiftend. Eine Verlegerin erzählt im Interview: „[...] [w]enn man eine Branchenidentität dort festlegen will, kann man sagen, da sind alle, die Kinder- und Jugendbücher machen. Das ist schon eine Identität, derer man sich bewusst ist, mit vielen, vielen unterschiedlichen Inhalten, aber das ist das, was uns dort eint." (Interview A, Zeilen 839 – 842) Guadalajara wird von der International Publishers Association (2017: 4) als „the gateway to Latin America" bezeichnet und ist die wichtigste Buchmesse in Lateinamerika (ebd.: 9).

Es werden auch immer wieder Buchmessen neu eingeführt, zu den jüngsten gehören z.B. die Baku International Book Fair in Azerbaidschan im Jahr 2009 (AZERTAC 2009) oder die Eurasian Book Fair in Kasachstan im Jahr 2016 (The Astana Times 2016).

Auch in den USA kam es erst spät zu einer Buchmesse, der Book Expo America, die heute zu den wichtigsten internationalen Buchmessen gehört (siehe Tabelle 10). Ursprünglich ging sie aus einer reinen BuchhändlerInnenmesse der American Booksellers Association hervor; die Mitglieder des Verbandes richteten in dieser Form ihr Jahrestreffen aus. Allmählich erweiterte sich die Messe auch in Richtung von Verlagen, mittlerweile hat sie sich in erster Linie zu einer Verlagsmesse entwickelt, da die Zahl der unabhängigen BuchhändlerInnen über die Jahre stark abgenommen hat. Zunächst wurde die Messe an wechselnden Standorten abgehalten (z.B. Chicago, Washington, Las Vegas, Los Angeles), in den letzten ca. zehn Jahren findet sie hauptsächlich in New York statt. Durch die Entwicklung zur (überwiegenden) Verlagsmesse wurde die Book Expo America stärker international (Interview E, Zeilen 53 – 66), doch es ist nach wie vor zu bemerken, wie ein Interviewpartner es formuliert, „dass sich da der amerikanische Markt sehr stark um sich selbst dreht" (siehe auch Kapitel 2), sodass „Rechtehandel [...] da eigentlich nur eine sehr nachrangige Rolle" (Interview E, Zeilen 61 – 62, 65 – 66) einnimmt. Ein Gründungsdatum der Book Expo America bzw. ein konkreter Zeitpunkt, an dem die 1947 erstmals abgehaltene „American Booksellers Association Convention and Trade

Show" (XINHUANET 2015) zur Book Expo in ihrer heutigen Form wurde, wird in keiner Quelle genannt; es scheint sich dabei eher um eine sukzessive Entwicklung gehandelt zu haben, die ab 1971 ihren Lauf nahm. Bis dahin trug die Messe ihren ursprünglichen Namen, unter dem sie gegründet worden war, und wurde ausschließlich von der American Booksellers Association organisiert; nach 1971 kamen mit der Association of American Publishers und der Association of Authors' Representatives weitere OrganisatorInnen hinzu, womit sich die Messe auch inhaltlich veränderte (Anderson 2018).

Die London Book Fair ist mit ihrem Gründungsjahr 1972 (Moeran 2012: 123) ebenfalls eine relativ junge Messe. Wesentliche englischsprachige Märkte begannen im Vergleich zu Deutschland also erst deutlich später mit der Abhaltung von internationalen Buchmessen. Auch China kam erst spät zu einer internationalen Buchmesse, allerdings aus anderen Gründen (Interview E, Zeilen 66 – 77). Wie Kapitel 2 ausführlich darstellt, ist der chinesische Buchmarkt in jüngerer Vergangenheit innerhalb weniger Jahre rasant angewachsen und entwickelte sich so aus einer international unbedeutenden Position binnen kurzer Zeit zu einem der führenden Buchmärkte. Infolgedessen ist auch die 1995 gegründete (ebd.: 124) Beijing Book Fair inzwischen eine international bedeutende Messe, wobei die chinesischen Verlage dort in erster Linie als EinkäuferInnen auftreten – der Tatsache entsprechend, dass China weltweit größter Einkäufer von Rechten und Lizenzen ist –, wodurch sich die Beijing Book Fair von anderen Messen wie Frankfurt oder London unterscheidet (Interview E, Zeilen 66 – 77). Erst 2018 wurde die Beijing Book Fair um eine eigene Kinderbuchmesse erweitert. Nachdem es in den drei Jahren davor eine Halle zum Thema Kinderbuch gegeben hatte, wurde 2018 erstmals parallel zur Hauptmesse eine Kinderbuchmesse (in Form einer reinen Fachmesse) abgehalten. China hat damit jetzt zwei internationale Kinderbuchmessen (Eyre 2018). Bereits seit 2013 gibt es die China Shanghai International Children's Book Fair, ebenfalls eine Fachmesse, die von der Bologna Children's Book Fair mitorganisiert wird (China Shanghai International Children's Book Fair 2018; Bologna Children's Book Fair 2018b).

3.3 Funktionen von Buchmessen

Die zentralen Funktionen einer Buchmesse drücken sich in einer Vielfalt von Veranstaltungsformaten und Praktiken aus, durch welche die AkteurInnen zusammenkommen bzw. mit denen sie sich aufeinander beziehen.

Im Folgenden sollen einige dieser Veranstaltungsformate und Praktiken, die auf Buchmessen stattfinden, näher beschrieben werden, um die verschiedenen Zentralfunktionen zu konkretisieren.

Nicht immer ist eine trennscharfe Zuordnung von Veranstaltungen und Praktiken zur einen oder zur anderen Funktion möglich, was auch den realen Gegebenheiten entspricht. Vielfach kommt es vor, dass bestimmte Veranstaltungen und Praktiken mehrere Funktionen gleichzeitig erfüllen. Das ist zum Beispiel der Fall, wenn nach dem offiziellen Messetag bei abendlichen oder nächtlichen Empfängen in *unterhaltsamem* Rahmen *Informationen* ausgetauscht und *Kontakte* vertieft werden, die es ermöglichen, dass eine lose Vereinbarung vom Messetag fixiert und damit eine *Transaktion* angebahnt wird, und nebenbei schon durch die Tatsache, dass man Zutritt zur Veranstaltung hat, *Image*pflege stattfindet.

Gerade informelle Zusammenkünfte, bei denen es vordergründig nicht ums Geschäft geht, haben oftmals beträchtliche Bedeutung für den Rechte- und Lizenzhandel, wie in diesem Kapitel später noch genauer ausgeführt wird.

3.3.1 Unterschiedliche Messetypen: Fachmessen, Publikumsmessen, Mischformen

Hinzugefügt werden muss eingangs, dass die Funktionen einer Buchmesse variieren, je nachdem ob es sich um eine Publikums- oder eine Fachmesse handelt. Diese beiden Typen von Buchmessen können prinzipiell unterschieden werden, wobei die Einteilung nicht hundertprozentig trennscharf ist. Zahlreiche Buchmessen sind laut dem World Book Fair Report der International Publishers Association (2016b: 2) „hybrids", d.h. bestehen aus Fachmesse- und Publikumstagen. Der Fokus der vorliegenden Publikation liegt auf Fachmessen bzw. den Fachmesseteilen von „Hybriden".

Auch die Frankfurter Buchmesse ist ein solches Hybrid. So beginnt die Messewoche auf der Frankfurter Buchmesse mit drei Fachmessetagen (Mittwoch, Donnerstag, Freitag), auf die zwei Publikumstage (Samstag, Sonntag) folgen. Die Feldforschung aus den Projekten „Trading Cultures" und „Inside Trading Cultures" hat allerdings gezeigt, dass diese offizielle Einteilung in der Praxis relativ durchlässig ist, d.h. auch während der Fachmessetage ist allgemeines Publikum auf dem Gelände unterwegs und das Veranstaltungsprogramm ist über die gesamte Woche hinweg sehr ähnlich aufgebaut. Auch an den Fachmessetagen gibt es eine Vielzahl von publikumsadressierten Veranstaltungen, in denen die Unterhaltungsfunktion der Messe stark zum Ausdruck kommt: Lesungen, Signierstunden, AutorInneninterviews, Schaukochen mit prominenten KöchInnen wie Johanna Maier oder auch Konzerte. Beispielsweise war 2017 die Präsentation eines Bildbandes von Udo Lindenberg und Tine Acke von einem gesanglichen Auftritt des Musikers begleitet.

Anders als die Frankfurter Buchmesse ist die Bologna Children's Book Fair ausschließlich den FachbesucherInnen gewidmet. Dies bestätigte sich auch aus der Beobachtung der TeilnehmerInnen bei der Feldforschung. Mit Ausnahme vereinzelter SchülerInnen- und Kindergartengruppen am letzten Messetag, die gezielt bestimmte Verlagsstände bzw. die IllustratorInnenausstellung aufsuchten, war allgemeines Publikum nicht wahrnehmbar. Auch gab es, anders als in Frankfurt, während der Messetage keine klassisch publikumsorientierten Events wie Lesungen oder AutorInneninterviews. Zwischenzeitlich, von 2014 bis 2016, wurde im Vor- oder Nachfeld der Bologna Children's Book Fair ein „Weekend of Young Readers" abgehalten, bei dem Teile der Messe (z.B. die IllustratorInnenausstellung) auch für allgemeines Publikum geöffnet waren; dieses Angebot wurde 2017 jedoch wieder eingestellt (Cavina 2017; Il Libraio 2015; Publishers Weekly 2015).

Auch die London Book Fair ist eine Fachmesse, die den OrganisatorInnen zufolge in eine Veranstaltungswoche mit öffentlichem Charakter zum Thema Storytelling eingebettet ist. Im Rahmen dieser „London Book & Screen Week" werden Fans von Büchern, Games und Filmen sowie SchriftstellerInnen in über die ganze Stadt verstreuten Veranstaltungen zusammengebracht (London Book Fair 2018b; The LBF Team 2016). Die Guadalajara International Book Fair versteht sich explizit nicht nur als Fachevent, sondern auch als kulturelles Event und richtet sich ausdrücklich an Fachpublikum und allgemeines Publikum gleichermaßen (Feria Internacional del Libro de Guadalajara 2018), ebenso die Pariser Buchmesse Livre Paris (Expodatabase.de o.J.). Bei vielen der wichtigsten Fachmessen gibt es also in mehr oder weniger großem Ausmaß auch Angebote für das allgemeine Publikum.

Ein Beispiel für eine reine Publikumsmesse hingegen ist die sehr bekannte Leipziger Buchmesse.

3.3.2 Wozu dienen Buchmessen?

Publikumsmessen sind ein Ort für B2C-Kommunikation, Fachmessen für B2B-Kommunikation. Während Buchmessen in ihrer Entstehungszeit und danach über viele Jahrhunderte hinweg dem unmittelbaren Handel[37] mit Büchern dienten, haben sie heute ein vielfältiges Spektrum von Funktionen. Die zentralen Funktionen von Buchmessen, wie sie von Moeran (2012: 126–140) beschrieben werden, waren auch bei den Messeaufenthalten, die dieser Publikation zugrunde liegen, klar erkennbar. Durch die Beobachtungen und Interviews im Rahmen des Projekts konnten diese Funktionen auch weiter spezifiziert werden.

3.3.2.1 Networking für den Rechte- und Lizenzhandel, auch im Rahmen der Unterhaltung

Buchmessen bieten zunächst einmal die Möglichkeit zum *Netzwerken (1)*. Neue Geschäftskontakte werden geknüpft, bestehende Kontakte aufgefrischt. Personen, die man bislang nur namentlich kannte, bekommen durch das Kennenlernen auf der Messe ein Gesicht – „A fair is where you put faces to names", sagt eine von Moeran (ebd.: 127) zitierte Sales Managerin – und der Kontakt erhält dadurch einen anderen Charakter (ebd.: 126–140). Diese Kontaktpflege wird üblicherweise in der Branche auch als unabdingbar für den erfolgreichen *Rechte- und Lizenzhandel (2)* begriffen. Buchmessen bilden einen fördernden Rahmen für Geschäfte mit Rechten und Lizenzen; Networking wird dort nicht nur durch informelle Vernetzungsmöglichkeiten infolge der gleichzeitigen Anwesenheit zahlreicher AkteurInnen an einem Ort, sondern auch durch spezifische Veranstaltungen und Infrastruktur erleichtert.

In Gesprächen mit VerlegerInnen und AgentInnen wurde immer wieder betont, dass Telefon und elektronische Medien den persönlichen Kontakt auf den Messen keinesfalls ersetzen könnten, wenngleich es selten vorkomme, dass Deals während der kurzen Messewoche sowohl angebahnt als auch abgeschlossen würden (Interview A, Zeilen 29 – 34; Interview C, Zeilen 128 – 137; Interview D, Zeilen 37 – 79). Die International Publishers Association (2015) bezeichnet Buchmessen als „essentially a catalyst which accelerates rights deals towards completion", d.h. Geschäfte, über

---

37 Im Mittelalter durften AnbieterInnen von Gütern ausschließlich auf Messen am Handel außerhalb ihrer Heimatstadt teilnehmen; die üblicherweise geltenden Beschränkungen waren zur Messezeit durch Messeprivilegien aufgehoben. Bei den frühen Waren- und späteren Mustermessen wurde mit Büchern an sich gehandelt – bei Warenmessen mit einem umfassenden, physisch präsenten Sortiment, bei Mustermessen mit Warenmustern, auf deren Basis bestellt wurde (Niemeier 2001: 9–27).

die bereits im Vorfeld verhandelt wurde, werden finalisiert, oder es wird die Basis für neue Geschäfte geschaffen, zu deren Abschluss es im Nachfeld der Messe kommt. Auch die InterviewpartnerInnen berichten dasselbe aus ihrer Praxis.

Der große Vorteil von Frankfurt und ähnlich dimensionierten Messen ist den Interviews zufolge, dass im Prinzip die gesamte Branche physisch anwesend sei, und man deshalb auch von zufälligen Kontakten, Gesprächen und Informationen profitieren könne. Persönlicher Kontakt mit potentiellen GeschäftspartnerInnen, auch in Form von Small Talk, sei auch deswegen wichtig, weil das Gegenüber auf diese Weise besser eingeschätzt werden könne. Gerade die zeitliche Beschränktheit offizieller Termine für den Rechtehandel (der oftmals erwähnte 30 Minuten-Takt) erfordere es, das Gegenüber näher zu kennen, um das Angebot gezielter zuschneiden zu können. Nicht zuletzt helfe die Kontaktpflege auf den Messen, bei GeschäftspartnerInnen auch während des übrigen Jahres gedanklich präsent zu bleiben, damit man, wie eine Interviewpartnerin es ausdrückt, „mitgedacht" (Interview A, Zeile 326) wird, wenn sich passende Projekte ergeben (Interview A, Zeilen 29 – 34, 325 – 335; Interview C, Zeilen 128 – 137; Interview D, Zeilen 37 – 79; Interview F in Feldnotizen BCBF 2016).

Diese Vernetzung wird durch die Messeorganisation mittels speziell darauf ausgerichteter Veranstaltungen wie „B2B speed-dates" (Bologna Children's Book Fair 2016: 20) oder „Ghost Dates. The Random Contact Machine" (Frankfurter Buchmesse 2016: 30, 41) zusätzlich unterstützt. Bei Letzteren buchen Teilnehmende für einen bestimmten Zeitraum einen Tisch im Business Club, ohne vorab zu wissen, wer mit ihnen dort sitzen wird (ebd.). Früher für die Frankfurter Buchmesse charakteristisch war auch eine Vielzahl von Empfängen und Partys innerhalb und außerhalb des Messegeländes. Anders als bei formellen Programmpunkten kommt hier auch die Funktion der **Unterhaltung** (3) zum Ausdruck, die sich mit anderen Funktionen der Messen vermengt.

Bei Moeran (2012: 135f.) werden Empfänge und Partys noch besonders hervorgehoben, das Auftauchen dort wird als wichtig beschrieben, da es einen Insiderstatus anzeige (ebd.). Auch in den Interviews zum Projekt fällt nach wie vor immer wieder das Thema Partys und deren Bedeutung (z.B. Interview B, Zeilen 495 – 509; Interview E, Zeilen 293 – 301). Bei einer Podiumsdiskussion am vorletzten Messetag der Frankfurter Buchmesse 2016 begrüßt ein Moderator das Publikum sogar augenzwinkernd mit den Worten, er freue sich, dass trotz „durchzechter Messenacht" so viele anwesend seien (Feldnotizen FBM 2016). Die Partys werden als wesentlich nicht nur für die Anbahnung und Intensivierung von Geschäftskontakten, sondern auch für den Abschluss von Geschäften an sich beschrieben. Mitunter werden geschäftlich wichtige Informationen dort ausgetauscht, die anders kaum zu bekommen sind, oder zuvor am Messegelände unverbindlich gehaltene Deals werden bei der Party informell fixiert (Interview B, Zeilen 525 – 535). Dabei greifen, wie ein Interviewpartner erzählt, für erfolgreiche Geschäfte formelle Termine auf der Messe und informelle Zusammenkünfte bei Empfängen oder in Lobbys bekannter Hotels (z.B. Frankfurter Hof, Hessischer Hof) ineinander:

„Ja, ist sicherlich genauso wichtig wie offizielle Termine. [...] Das darf man nicht über- und auch nicht unterschätzen. Ich glaube, man muss bei offiziellen Terminen schon sehr gut vorbereitet sein und den Grundstein legen, aber man kann natürlich dann am Abend nochmal den entscheidenden Schritt machen, um etwas zu fixieren. Und was Dinge betrifft, die vielleicht am Vormittag zwar besprochen und für gut befunden wurden, aber vielleicht noch nicht fix ausgemacht wurden, kann man dann an so einem Abend in lockerer Runde vielleicht auch mal unter vier Augen sagen: Ja, machen wir und passt schon. [...] Ich würde sagen, es ist miteinander verzahnt. Also ich würde niemandem raten, nur am Abend aufzuschlagen, sondern man muss schon zuerst einmal untertags den Grundstock legen und seriöse Arbeit abliefern klarerweise." (Interview B, Zeilen 523 – 538)

Im Vergleich zu früher haben sich Empfänge und Partys allerdings, wie ein Verleger bei einem persönlichen Gespräch am Messestand schildert, aufgrund der schwieriger gewordenen finanziellen Situation der Branche inzwischen stark reduziert. Im deutschsprachigen Bereich ist laut Aussage des Verlegers der alljährliche Abendempfang des Hauptverbandes des Österreichischen Buchhandels im Städel Museum eines der letzten Relikte größerer Veranstaltungen aus einer finanziell besseren Zeit (Feldnotizen FBM 2017).

Bereits in Kapitel 1 erwähnt wurde die Fülle von AkteurInnen, die mit dem Rechte- und Lizenzhandel befasst sein können: Verlagsintern sind LektorInnen (im Rahmen des akquirierenden Lektorats), MitarbeiterInnen der Lizenzabteilung sowie in Österreich häufig auch die VerlegerInnen selbst zu nennen, verlagsextern AgentInnen (verkaufsseitig) sowie Scouts (einkaufsseitig).

Charakteristischerweise eilen EinkäuferInnen auf den Messen durch die diversen Messehallen von Termin zu Termin, während VerkäuferInnen fix an den Ständen ihrer Verlage oder im Falle der AgentInnen in einem eigenen Rechtezentrum der Messe angesiedelt sind (International Publishers

Association 2017: 4, Interview F in Feldnotizen BCBF 2016). Aber auch Scouts können in diesem Rechtezentrum gebuchte Plätze haben, wie an seiner Bezeichnung in Frankfurt – Literary Agents & Scouts Centre – deutlich wird. Damit wird die klassische Aufteilung, die nicht nur von der International Publishers Association (ebd.) im Global Book Fair Report, sondern auch in Gesprächen mit VerlegerInnen und AgentInnen (Interview F in Feldnotizen BCBF 2016; Feldnotizen FBM 2017) geschildert wird – VerkäuferInnen stationär, EinkäuferInnen in Bewegung –, teilweise wieder aufgebrochen. Das Frankfurter Literary Agents & Scouts Centre, kurz LitAg, befindet sich abgeschottet vom Rest der Messe in einer eigenen Halle, die nur unter Nachweis eines Termins betreten werden darf. Das LitAg ist im Laufe der Jahre kontinuierlich gewachsen, was die wichtige Rolle der Messe für den Rechte- und Lizenzhandel verdeutlicht. 2017 befanden sich im LitAg 480 Tische, die von Agenturen für ihr Personal reserviert werden konnten und bereits 8 Monate im Vorfeld der Messe ausgebucht waren (Pressemitteilungen der Frankfurter Buchmesse 2017).

Die dort platzierten AgentInnen und Scouts absolvieren täglich eine dichte Kette von 30 Minuten-Terminen. Laut Agentin Astrid Poppenhusen bei einer Podiumsdiskussion auf der Frankfurter Buchmesse 2017 beginnen die Termine bereits zwei Tage im Vorfeld der eigentlichen Messe, am Montag, und viele AgentInnen bleiben aufgrund der Termindichte die gesamte Messewoche hindurch permanent im LitAg (Feldnotizen FBM 2017). Das Vorhandensein einer eigenen Zentrale für AgentInnen auf den Messen spiegelt auch die hohe Bedeutung dieser AkteurInnengruppe wider. Wie ein Interviewpartner es formuliert, „läuft ja eigentlich kaum mehr etwas ohne Agenten […] im professionellen, erfolgreichen Verlagsbusiness." (Interview B, Zeilen 330 – 332) Das war nicht immer so, sondern ist eine Entwicklung, die in relativ kurzer Zeit stattgefunden hat. Eine Agentin erzählt im persönlichen Gespräch auf der Messe, dass sie bei der Gründung ihrer Agentur Mitte der 1990er-Jahre von vielen Verlagen noch „belächelt" wurde (Interview G in Feldnotizen FBM 2017).

Rechte- und Lizenzhandel findet aber nicht nur im LitAg statt; ein weiterer Bereich, der anders als das LitAg nicht nur von Agenturen, sondern auch von Verlagen für ihre Rechte- und LizenzmanagerInnen oder LektorInnen gebucht werden kann, ist der Publishers Rights Corner. Dieser ist direkt neben dem LitAg beheimatet und nur am als „Rights Tuesday" bezeichneten Messedienstag geöffnet (Frankfurter Buchmesse o.J.a; Pressemitteilungen der Frankfurter Buchmesse 2017). Die ebenfalls am Messedienstag stattfindende Konferenz „Frankfurt Rights Meeting" ermöglicht außerdem das Zusammentreffen von im Rechtehandel tätigen AkteurInnen und bietet Vorträge über rechterelevante Trends und Entwicklungen (Frankfurter Buchmesse o.J.b).

Ein besonderes Phänomen auf der Frankfurter Buchmesse, das nicht ausschließlich, aber in erster Linie mit geschäftlichen Verhandlungen und Vernetzungsaktivitäten in Verbindung steht, ist der Business Club – ein vom übrigen Messegeschehen abgegrenzter Bereich nur für InhaberInnen eines speziellen FachbesucherInnentickets, das ungefähr das Zehnfache eines gewöhnlichen FachbesucherInnentickets kostet. Der Business Club bietet Annehmlichkeiten in Form eines Rückzugsortes vom allgemeinen Messetrubel, sowohl zur Regeneration als auch insbesondere für Geschäftstermine. InhaberInnen eines Business Club Tickets können für ihre geschäftlichen Besprechungen in einem als „meeting area" bezeicheten Raum für 30 bis 90 Minuten einen Tisch reservieren, an dem bis zu vier oder sechs Personen Platz haben. Eine Person kann, so lange freie Tische vorhanden sind, beliebig viele 30- bis 90-Minuten Termine pro Tag im Business Club buchen (Frankfurter Buchmesse 2016: 7). Diese Möglichkeit wird, wie bei der Feldforschung 2016 beobachtet werden konnte, von vielen genutzt. Dennoch liegt im Angebot des Business Clubs eine starke Ambivalenz, die sich aus Bedarf und Leistbarkeit ergibt. Finanzkräftige Verlagsunternehmen haben häufig direkt an ihren Ständen mehr oder weniger weitläufige Besprechungszonen oder bei Eigenbauständen sogar eigene Besprechungszimmer integriert und würden die Tische im Business Club für ihre Termine nicht unbedingt benötigen. Für manche kleinere Unternehmen mit entsprechend bescheidenen Ständen, bei denen der Bedarf nach einem Rückzugsort für Gespräche gegeben wäre, dürfte allerdings angesichts ihres beschränkten Budgets der hohe Preis eines Business Club Tickets – 2016 waren es ca. 940€ mit Super Early Bird-Rabatt bei sehr früher Buchung – eine Herausforderung darstellen.

Neben Besprechungsmöglichkeiten gibt es im Business Club eine eigene Veranstaltungsreihe, die besonders von geschäftlichen Themen (z.B. Businessmodelle, Erfolgsfaktoren) und Formaten spezifisch zur Vernetzung geprägt ist. Neben den bereits erwähnten „Ghost Dates" werden zu Beginn des Messetags auch „Business Breakfasts" abgehalten, bei denen zu Kaffee und Croissants Brancheninformationen (z.B. über bestimmte Länder- und Regionenmärkte oder neue Trends) präsentiert werden; das Ende des Messetages im Business Club bildet ein „Get-Together" bei einem Glas Wein. Der Vernetzungscharakter dieser Formate wird in der Broschüre zum Programm stark hervorgehoben (ebd.: 6, 17-47). Die besonders expliziten, gezielten Networkingangebote sowie persönliche Consultingtermine bei BranchenexpertInnen (ebd.: 7), die gebucht werden können, sind durchaus als ein Charakteristikum des Business Club Angebots begreifbar, wenngleich Vernetzung auch an zahlreichen anderen Orten der Frankfurter Buchmesse stattfindet. Beim Veranstaltungsangebot hingegen (Vorträge, Podiumsdiskussionen, etc.) sind trotz der Betonung ihrer Exklusivität (siehe z.B. ebd.: 6) kaum Unterschiede zum übrigen Veranstaltungsprogramm auf diversen anderen Bühnen des Messegeländes zu erkennen. Veranstaltungen zu verschiedenen Themen (z.B. zu Reader Analytics), die im Business Club stattfanden, wurden zu anderen Zeiten in ähnlicher Form und teilweise mit denselben Gästen auf anderen Bühnen abgehalten. Beispielsweise gab es 2016 im Business Club ein Gespräch mit Jellybooks-Gründer Andrew Rhomberg über Reader Analytics, einen Tag später veranstaltete die IG Digital des Börsenvereins eine Podiumsdiskussion zum selben Thema, bei der Andrew Rhomberg ebenfalls zu Gast war (ebd.: 39; Feldnotizen FBM 2016).

Auch bei der Bologna Children's Book Fair gibt es ein Rechtezentrum, das durch eine Rolltreppe in einem Obergeschoss vom restlichen, vollständig im Erdgeschoss gelegenen Messebereich separiert, aber anders als in Frankfurt prinzipiell zugänglich ist. Es besteht aus zwei Bereichen: Zusätzlich zum Literary Agents Centre für LiteraturagentInnen und -scouts gibt es außerdem ein TV/Film & Licencing Rights Centre für RechtemanagerInnen aus dem Film- und Fernsehbereich. Darüber hinaus steht eine der Messehallen speziell unter dem Thema Rechte und Lizenzen („Bologna Licencing Trade Fair", Halle 31). Ähnlich wie in Frankfurt gibt es auch im Rahmen der Bologna Licencing Trade Fair Veranstaltungen zur Vernetzung und Information von AkteurInnen im Rechte- und Lizenzhandel (Bologna Children's Book Fair 2016: 20). Gleichzeitig sind dort die Stände von Lizenzagenturen angesiedelt, die im Auftrag von Unternehmen aus diversen Branchen (z.B. TV, Games, Spielwaren) arbeiten, aber auch Stände von Markenunternehmen selbst in ihrer Rolle als LizenzgeberInnen oder LizenznehmerInnen (ebd.: 567–585). Hier finden sich auch Medienkonzerne wie Warner Bros. oder Pixar, deren weitläufige Stände mit großen Attrappen von Filmfiguren und mit umgrenzenden Wänden eher schon den Charakter von eigenen Pavillons haben. Warner Bros. beispielsweise hatten 2016 vor ihrem Stand einen eigenen Empfangstisch, BesucherInnen mit Termin betraten den von Wänden umgebenen Stand, der von außen nicht einsehbar war, durch eine Eingangstür mit Fadenvorhang (Feldnotizen BCBF 2016).

Am Rechte- und Lizenzhandel zeigt sich also besonders deutlich, dass nicht alle Welten auf den Messen nur durch den Besitz eines Messetickets frei zugänglich sind. Manche sind exklusiv und erfordern spezielle Voraussetzungen, um betreten werden zu dürfen. GeschäftspartnerInnen treffen sich meist in Rückzugsräumen vielfältigster Art – ob im Rechtezentrum, im Business Club, in abgeschirmten Bereichen eines Standes, oder außerhalb des Messegeländes in Hotellobbys und bei informellen Empfängen. MessebesucherInnen, die in diese Praktiken nicht involviert sind, nehmen sie im Prinzip nicht wahr. Die Welt des Handels ist auf den Messen eine hochgradig geheime, zu der nur Berechtigte Zutritt haben – und selbst unter diesen manchmal nur InsiderInnen mit speziellen Kontakten und Informationen, was Empfänge und Partys betrifft, die oftmals eine Einladung erfordern. Geschäfte werden also hinter den Kulissen der Selbstpräsentation ausgehandelt, der Messestand an sich hat, wie ein Interviewpartner es ausdrückt, „reine Schaufensterfunktion" (Interview E, Zeile 625).

3.3.2.2 Imagepflege

Wenngleich bestimmte Praktiken der Beobachtung durch andere entzogen werden, ist eine wichtige Funktion einer Buchmesse ihren TeilnehmerInnen *Sichtbarkeit* zu verleihen und dabei einen Rahmen für *Impression Management* (4) zu bieten. Sichtbarkeit ist gerade bei besonders großen internationalen Messen wie Frankfurt insofern von Bedeutung, als sie den Teilnehmenden einen „bird's eye view of the publishing world" ermöglichen, wie Moeran (2012: 127) einen Verleger zitiert (ebd.), d.h. einen Überblick über die weltweite Branche und ihre Player, bequem an einem Ort versammelt.

Präsenz an sich und die Art und Weise der Präsenz sind dabei zwei zusammenhängende, aber doch verschiedene Facetten von Sichtbarkeit bzw. Impression Management. Schon alleine die Präsenz an sich ist von hoher Bedeutung, weist sie ein Verlagsunternehmen doch als existierenden, geschäftswürdigen Teil der Branche aus; die Teilnahme an großen Messen wie Frankfurt ist gerade für kleinere und mittlere Verlage im Prinzip ein Lebenszeichen und Voraussetzung, um für andere als GeschäftspartnerInnen infrage zu kommen. Warum es also notwendig ist, trotz hoher Teilnahmekosten auf der Frankfurter Buchmesse Präsenz zu zeigen, bringt ein Verleger eines mittelgroßen österreichischen Verlages prägnant auf den Punkt: „Es ist das Phänomen der Frankfurter Buchmesse. Ich wäre nicht kreditfähig, wenn ich nicht in Frankfurt wäre. Es ist der Mythos von Frankfurt. Es würde kein Autor verstehen, wenn er hier nicht ausgestellt wird." (Feldnotizen FBM 2017). Relevant ist aber auch die Art des Auftrittes. Wie Skov (2006: 767) für die Modeindustrie festhält, spiegeln Messestände Marktpositionen wider; Moeran (2012: 132) spricht mit Bezug zu Buchmessen davon, dass Stände Machtverhältnisse „among players both within the field of publishing itself, and between publishing and related fields" anzeigen. Das wurde auch bei der Feldforschung für die Projekte zu diesem Buch deutlich. Sowohl die Frankfurter Buchmesse als auch die Bologna Children's Book Fair beherbergen ein Spektrum höchst unterschiedlicher Welten, was Marktposition und Finanzkraft der mittels Ständen repräsentierten Unternehmen betrifft. Teure Eigenbaustände von über 100 Quadratmetern, für deren Konzeption und Umsetzung von den Unternehmen eigene ArchitekturdienstleisterInnen beauftragt werden und die eine Abnahme vor Messebeginn erfordern, finden sich in den Messehallen ebenso wie sehr bescheidene, fast schon spartanische Systemstände von vier Quadratmetern mit Minimalausstattung (Buchleisten, Tisch, zwei Sessel, zwei Sitzschränke). Manche Verlage nutzen zur Minimierung der Kosten auch die Möglichkeit, anstelle eines eigenen Standes einen Platz am Gemeinschaftsstand der jeweiligen Branchenvertretung zu buchen. Teilweise muss in diesem Fall nicht einmal zwingend Verlagspersonal (dessen Unterbringung angesichts der Hotelpreise zu Messezeiten ebenfalls kostspielig ist) anreisen. Manche Verlagsunternehmen trennen also tatsächlich Welten, was ihren finanziellen Spielraum betrifft, und daraus resultieren auch unterschiedliche Bedingungen und Möglichkeiten des Wirtschaftens.

Bei der Schaffung des Images über den Standauftritt sind zahlreiche Details relevant; es kann also an vielen – jeweils durchaus kostspieligen – Schrauben gedreht werden. Neben der Fläche des Standes und der Austattung (z.B. Besprechungszimmer direkt am Stand, großformatige Bildschirme, Wasserwand) ist auch die Platzierung in der Halle relevant, denn durch besondere Standpositionen (z.B. Eckstand, Kopfstand, Blockstand) kann die Sichtbarkeit erhöht werden (zu preislichen und gestalterischen Modalitäten der Stände im Detail siehe die Angebotsbroschüre der Frankfurter Buchmesse (2017)). Hinzuzufügen ist jedoch, dass sich nicht unbedingt immer nur die faktische aktuelle Finanzlage eines Unternehmens in ihrem Stand ausdrückt. Hinter der Gestaltung eines Standes stehen durchaus auch strategische Überlegungen, ein bestimmtes Image aufzubauen bzw. auch in schwierigeren Zeiten zu halten. Der Kein & Aber-Verlag, einer der größten Schweizer Verlage, trat trotz der Nachwirkungen des „Frankenschocks" (siehe Kapitel 1.2.3) bei der Frankfurter Buchmesse 2017 sogar mit einem eigenen mehrstöckigen Verlagsturm in der Agora auf, der aus vier aufeinandergestellten Containern bestand. Mithilfe einer seitlich angebrachten Treppe konnten BesucherInnen den Turm besteigen und die Räumlichkeiten des Turmes besichtigen (Feldnotizen FBM 2017).

Während der Messewoche konnten die GewinnerInnen einer Verlosung jeweils eine Nacht im mit Dusche und WC ausgestatteten Turmzimmer verbringen und bekamen dazu eine AutorInnenlesung am Bett, Verpflegung und den Messeeintritt vom Verlag finanziert (Strack 2017). Auch 2015, im kritischsten Jahr des Frankenschocks, wählte Kein & Aber eine besondere Form der Selbstpräsentation in der Agora, ein als „Safari-Lodge" bezeichnetes Zelt (Kein & Aber 2015). Eine völlig andere Messestrategie wandte 2015 der Schweizer Marktführer Diogenes an. Angesichts notwendiger Sparmaßnahmen infolge des „Frankenschocks" beschloss die Verlagsführung, den Messeauftritt in Frankfurt ein Jahr lang auszusetzen – gemäß der Devise: „Ganz oder gar nicht", ein kleinerer Stand war keine Option (3Sat 2015). Während es also für kleine Verlage von enormer Wichtigkeit ist, zumindest mit einem ganz bescheidenen Auftritt auf der Frankfurter Buchmesse vertreten zu sein, um als kreditwürdiger Geschäftspartner wahrgenommen zu werden, scheint sich gerade bei großen Verlagen ein im Vergleich zu früheren Jahren reduzierter Messeauftritt nachteilig auf das Image auszuwirken. Von Kein & Aber und Diogenes wurde darauf mit konträren Strategien (Opulenz vs. Abwesenheit) reagiert.

Impression Management ist auch ein potentieller Erklärungsansatz dafür, warum sich der Business Club so großer Beliebtheit erfreut, obwohl das Ticket sehr teuer ist und gleichzeitig für große Unternehmen – mit Ausnahme des persönlichen Consultings und des inkludierten Mittagessens – im Prinzip nichts bietet, das sie nicht ohnehin hätten. Eine Aura von Exklusivität umweht den Business Club. In Business Club-Broschüren und -Flyern wie auch auf der Website wird diese Exklusivität immer wieder ausdrücklich betont („exclusive", „premium") (Frankfurter Buchmesse 2016, o.J.c). Vor dem Eingang zu den Räumlichkeiten des Business Clubs, noch im allgemeinen Messebereich im Erdgeschoß der stark frequentierten Halle 4, ist ein eigener Empfangstisch aufgebaut, an dem Business Club Tickets abgeholt und Informationen zu Services und Programm des Business Clubs erfragt werden können. Beim Betreten des Business Clubs wird das Ticket geprüft; den ganzen Tag über stehen zu diesem Zweck ein bis zwei KontrolleurInnen seitlich neben dem Eingang zum Business Club. Während der Business Club per se von außen nicht einsehbar ist, sind der Empfangsbereich und die KontrolleurInnen für alle Vorbeikommenden sehr wohl wahrnehmbar. Wer also z.B. von der Rolltreppe aus beobachtet, wie andere Menschen unter Vorweis eines speziellen Tickets einen Bereich betreten, dessen Größe, Aussehen und inneres Geschehen ihnen selbst zwangsläufig ein Rätsel bleibt, bekommt den Eindruck, dass es sich um etwas Besonderes handeln muss. Es liegt nahe, dass diese Aura des Besonderen und Exklusiven für diejenigen, die sich den Zutritt leisten können, stark dem Impression Management dient und die Frage, ob die gebotenen Services von ihnen tatsächlich benötigt werden oder ihren hohen Preis rechtfertigen, eher sekundär ist.

3.3.2.3 Information

Nicht zuletzt dienen Messen dem *Informationsaustausch bzw. Informationsgewinn* (5) – nicht nur im Rahmen der Kontaktpflege, sondern auch durch ein breites Angebot von Veranstaltungen zu Trends und Entwicklungen in der Buchbranche. Die International Publishers Association (2017: 4) spricht diesbezüglich von einem „important educational purpose" als Funktion von Buchmessen.

Die Feldforschung lieferte dazu jedoch ein ambivalentes Ergebnis: Zwar gibt es tatsächlich eine Vielzahl solcher Fachveranstaltungen, doch halten die meisten der VerlegerInnen und AgentInnen, mit denen wir in Interviews sprechen oder die wir auf Podien hören konnten, explizit fest, dass sie angesichts zahlreicher Geschäftstermine keine oder nur ausnahmsweise Zeit haben, dieses Angebot zu nutzen. Dazu trägt auch bei, dass das Veranstaltungsprogramm erst knapp vor der Messe feststeht, die Termine mit GeschäftspartnerInnen aber schon Monate im Voraus vereinbart werden (Interview F in Feldnotizen BCBF 2016; Feldnotizen FBM 2017). Dieses Dilemma scheint vor allem die im Rechte- und Lizenzhandel tätigen Personengruppen zu betreffen, deren Arbeitstage auf der Messe mit 30-minütigen Terminen durchgetaktet sind. Andere AkteurInnengruppen konnten während der Feldforschung durchaus dabei beobachtet werden, wie sie das Veranstaltungsangebot nutzten; beispielsweise zogen die Veranstaltungen des Weltempfangs auf der Frankfurter Buchmesse zahlreiche ÜbersetzerInnen an, wie Gesprächen von TeilnehmerInnen untereinander in den Publikumsreihen entnommen werden konnte (Feldnotizen FBM 2017).

3.3.3 Eine Fülle von Welten an einem Ort

Nicht nur an der letztgenannten Beobachtung zeigt sich, dass internationale Buchmessen wie Frankfurt oder Bologna keineswegs homogene Schauplätze sind, sondern bunte Konglomerate. Es handelt sich nicht um *eine* (Buch-)Welt, die dort repräsentiert ist, sondern um eine ganze Fülle von unterschiedlichen Welten.

3.3.3.1 Die Welten der Buchbranche

Manche dieser Welten sind Teilbereiche der Buchwelt, insofern als dort bestimmte AkteurInnen bzw. Berufsgruppen der Buchbranche ihre jeweiligen Praktiken vollziehen. Neben den bereits beschriebenen Messebereichen für geschäftliche Praktiken, in denen vor allem Ein- und VerkäuferInnen von Rechten und Lizenzen agieren, haben auch AutorInnen, IllustratorInnen oder ÜbersetzerInnen ihre eigenen Bereiche auf den Messen, in denen sie sich präsentieren, vernetzen und Informationen erhalten können. Das Gewicht, das den einzelnen Gruppen in Form von Angebotsvielfalt und Sichtbarkeit zukommt, variiert jedoch je nach Messe.

In Bologna sind von diesen drei Gruppen die IllustratorInnen besonders präsent, was auf die hohe Relevanz von Bildern für Kinderbücher zurückzuführen sein dürfte. Das „Illustrators' Café", das auf einer eigenen Bühne durchgehend Veranstaltungsprogramm zu Illustrationsthemen bietet, befindet sich prominent in der Mitte der Empfangshalle, umgeben von mehreren IllustratorInnenaustellungen sowie der Illustrators' Wall – einer Art IllustratorInnenbörse, bei der aufgestellte weiße Wände frei mit kreativ gestalteten Visitenkärtchen und anderen Arbeiten samt Kontaktdaten beklebt werden können. Die Bühne des „Illustrators' Cafés" ist es auch, wo am ersten Tag unter großem Presseandrang die Eröffnung der Messe stattfindet, wodurch den Arbeiten der IllustratorInnen spezielle mediale Aufmerksamkeit verschafft wird.

In Frankfurt sind die IllustratorInnen hingegen weniger sichtbar; es gibt zwar auch dort einen eigenen Bereich für IllustratorInnen, den „Illustrators' Corner", der jedoch auf wenige Quadratmeter beschränkt und eher versteckt in einer Ecke neben der Kids' Stage angesiedelt ist. Im Illustrators' Corner sollen IllustratorInnen und VerlegerInnen zusammengebracht werden: VerlegerInnen können IllustratorInnen-Portfolios sichten, auch gibt es Postkarten von IllustratorInnen zur freien Entnahme. IllustratorInnen erhalten Informationen und Beratung zur Zusammenstellung eines guten Portfolios, das Eindruck bei VerlegerInnen hinterlässt. Manche Verlage schreiben auf den Messen auch Zeiträume aus, in denen IllustratorInnen mit ihren Mappen zum Verlagsstand kommen und sich präsentieren können.

Eigene Bereiche und Fachveranstaltungen gibt es in Bologna auch für AutorInnen und ÜbersetzerInnen: das „Authors' Café" und das „Translators' Café" analog zum „Illustrators' Café", allerdings stark dezentral im Übergang zur bzw. am Ende der vom Eingang entferntesten Halle untergebracht. Starke Präsenz haben diese beiden Gruppen in Frankfurt. Die

Frankfurter Buchmesse trägt der steigenden Bedeutung des Self-Publishings mit einer eigenen Self-Publishing-Area Rechnung. Hier soll Vernetzung zwischen AutorInnen, aber auch mit digitalen DienstleisterInnen stattfinden; in Veranstaltungen wird über Trends informiert, in digitale Techniken eingeführt und Branchen-Know How vermittelt (z.B. Selbstvermarktung über Social Media, Bedienung von Self-Publishing-Tools, Preisgestaltung). AutorInnen können auch kleine Stände buchen und sich so selbst präsentieren. Die gesamte Messewoche hindurch ist außerdem eine Fülle von Lesungen, Signierstunden und AutorInnenauftritten auf diversen Bühnen charakteristisch für die Frankfurter Buchmesse. Die AutorInnenwelt auf der Messe ist in dieser Hinsicht eine teilweise gespaltene: Auf der einen Seite steht die Welt der VerlagsautorInnen – derjenigen also, die den klassischen Weg als SchriftstellerIn eingeschlagen haben bzw. (aufgrund einer Verlagszusage) einschlagen durften, auf der anderen Seite steht die Welt der Self-Publisher, die neue digitale Möglichkeiten nutzen, um die Instanz der Verlage zu umgehen, oft nachdem ihre Manuskripte von diesen abgelehnt wurden. Es gibt allerdings durchaus Verbindungslinien zwischen diesen beiden Welten. Manche Verlage nutzen die Self-Publishing-Welt als eine Art Fischteich für ihr Programm. So kooperiert u.a. der Verlag Droemer-Knaur mit der Self-Publishing-Plattform „neobooks" – Self-Publisher, die sich beim Publikum als erfolgreich erweisen, werden ins reguläre Verlagsprogramm übernommen (Feldnotizen FBM 2016).

Im Hinblick auf ÜbersetzerInnen verfolgen beide Messen spürbar das Ziel, den Arbeitsleistungen dieser im Hintergrund agierenden Berufsgruppe Sichtbarkeit und Wertschätzung zu verschaffen. Podiumsgespräche mit ÜbersetzerInnen, aber auch Live-Übersetzen unter Involvierung des Publikums sollen vermitteln, wie stark der Prozess des Übersetzens über einen reinen Wort-für-Wort-Transfer hinausgeht und ein tiefgehendes Sich-Einlassen auf den Text sowie minutiöses Feilen an Detailpassagen erfordert, bei dem Bedeutungsstärken und -nuancen einzelner Begriffe eine Rolle spielen. Beim „Gläsernen Übersetzer" in Frankfurt, einer zweistündigen interaktiven Veranstaltung, werden diese Prozesse deutlich sichtbar. Eine Übersetzerin sitzt vorne an einem Computer; eine Leinwand zeigt dem Publikum, was sie sieht: links den Originaltext eines französischsprachigen Romans, rechts ein zunächst leeres Übersetzungsdokument, das im Dialog mit dem Publikum sukzessive wächst. Unterstützt von einem Moderator gehen Übersetzerin und Publikum den Originaltext Satz für Satz durch. Das Publikum kann Vorschläge für Begriffe äußern, oft richtet sich die Übersetzerin oder der Moderator mit Fragen an die Zusehenden oder diese melden sich selbst zu Wort. Gemeinsam wird an Nuancen von Begrifflichkeiten gefeilt: „Auf den ersten Blick würde ‚Gemaule' gut passen, aber das ist zu schwach.", „Das ist nicht nur ‚Unordnung', das ist deutlich mehr. Wir brauchen einen stärkeren Begriff." (Feldnotizen FBM 2017). Hinzu kommt beim Übersetzen von Fachliteratur die Rolle des/der Übersetzenden auch als InhaltsexpertIn. 2017 gab es auf der Frankfurter Buchmesse unter dem Titel „Begegnungen der ÜbersetzerInnen/Dialog der Ideen" eine Reihe von Veranstaltungen, in denen AutorInnen auf ihre ÜbersetzerInnen trafen, darunter auch ein Podiumsgespräch zwischen dem Soziologen Hartmut Rosa und der französischen Übersetzerin seines Werkes „Resonanz", Sarah Raquillet. Anhand zahlreicher konkreter Begriffsbeispiele aus Rosas Buch illustrierte sie dort die Komplexität des wissenschaftlichen Übersetzens, die es erfordert, dass der/die Übersetzende neben Sprachkompetenz auch tiefgehende Kenntnisse über das Gesamtwerk des Autors/der Autorin haben muss, etwa über die Theorietraditionen, an die er/sie anschließt, und die dort geprägten Begriffe: „Man kann nur die Lösung finden, wenn man das ganze Buch [...] von tiefstem Herzen verstanden hat." (Raquillet in Feldnotizen FBM 2017).

Das dominante Bild, das von ÜbersetzerInnen vor allem in Frankfurt etabliert werden soll, ist jedoch das des Kulturvermittlers/der Kulturvermittlerin: ÜbersetzerInnen tragen durch ihre Tätigkeit zum Transfer von Kultur und zum interkulturellen Verständnis bei. Das zeigt sich in Frankfurt auch am Ort, an dem viele Veranstaltungen rund um das Übersetzen angesiedelt sind – diese finden nicht ausschließlich, aber sehr häufig im „Weltempfang", dem „Zentrum für Politik, Literatur und Übersetzung" statt. Neben dem Übersetzen geht es dort um gesellschaftspolitische Herausforderungen einer globalisierten Gesellschaft, um interkulturelle Verständigung, Toleranz und Anti-Rassismus.

Auch für ÜbersetzerInnen, AutorInnen und IllustratorInnen erfüllen Buchmessen also eine Reihe von Funktionen – von Sichtbarkeit und Imagepflege über Informationen und Beratung bis hin zu Vernetzung. Zur Sichtbarkeit dieser Berufsgruppen tragen nicht zuletzt auch Preise und Auszeichnungen bei. Diese gibt es neben den traditionellen Buchpreisen, mit denen meist AutorInnen geehrt werden, auch für IllustratorInnen, CartoonistInnen, ÜbersetzerInnen oder in der Übersetzungsförderung tätige Personen[38].

---

38 Besondere mediale Aufmerksamkeit erhalten in Frankfurt alljährlich der Deutsche Buchpreis und der Friedenspreis des Deutschen Buchhandels (Letzterer ergeht an eine Person, die durch literarische, wissenschaftliche oder künstlerische

117

Im Hinblick auf Übersetzungen ist anzumerken, dass Buchmessen – teils weit über das Bieten von Vernetzungsmöglichkeiten und Informationen zu Förderquellen hinaus – selbst aktiv in der Übersetzungsförderung tätig sind. Bei der Frankfurter Buchmesse steht jedes Jahr die Literatur eines anderen Ehrengastlandes (2016: Niederlande, 2017: Frankreich) besonders im Mittelpunkt, wobei der jeweilige Guest of Honour verpflichtet ist im Vorfeld ein professionelles Übersetzungsförderungsprogramm einzurichten, um die präsentierte Literatur aus der Landessprache ins Deutsche übersetzen zu lassen. Dies ist eine unverzichtbare Bedingung, um Ehrengastland sein zu können (Feldnotizen FBM 2016). Bereits in Kapitel 2 wurde die Beteiligung der Frankfurter Buchmesse am Goldschmidt-Programm erwähnt.

Auch andere Buchmessen sind in der Übersetzungsförderung tätig, etwa die Sharjah International Book Fair, aus deren Translation Grant Fund arabische und ausländische Verlage finanzielle Unterstützung für Übersetzungen „into various languages" erhalten (Sharjah Book Authority o.J.). Wer sich dafür bewerben möchte, muss an einem zweitägigen „Professional Programme" teilgenommen haben, das zur Buchmesse gehört und dieser terminlich vorangestellt ist. Thema des Programms ist der Handel mit Übersetzungsrechten und -lizenzen (Sharjah Book Authority 2018a, b). Ein weiteres Beispiel ist die Göteborg Book Fair, die während der Messe ein „Fellowship Program for Translators and Publishers" anbietet. Zielgruppe sind ÜbersetzerInnen vom Schwedischen in andere Sprachen sowie Verlage außerhalb des skandinavischen Raumes (Statens kulturråd 2018).

Tätigkeit einen besonderen Beitrag zur Realisierung des Friedensgedankens geleistet hat (Börsenverein des Deutschen Buchhandels o.J.w)). Daneben gibt es u.a. den Deutschen Jugendliteraturpreis, den Deutschen Wirtschaftsbuchpreis, den Global Illustration Award, den Serafina Nachwuchspreis Illustration, den Deutschen Cartoonpreis und die Übersetzerbarke für Personen aus der Übersetzungsförderung (Buchreport 2018g; Pressemitteilungen der Frankfurter Buchmesse 2018). Ein Preis für ÜbersetzerInnen auf der Frankfurter Buchmesse konnte weder bei der Feldforschung noch bei der Recherche identifiziert werden. Auf der Bologna Children's Book Fair wird alljährlich der/die SiegerIn eines Übersetzungswettbewerbs mit dem Titel „In altre parole" gekürt (Bologna Children's Book Fair 2018c). Auch in Bologna gibt es eine Vielzahl von Preisen für die Leistungen verschiedener AkteurInnen im Bereich der Kinderliteratur (Bologna Children's Book Fair 2018d).

3.3.3.2 Branchenexterne Welten auf Buchmessen

Großflächige Bereiche auf den Messen sind aber auch AkteurInnen von au-ßerhalb der Buchbranche zuzuordnen, deren Vorhandensein für eine Buchmesse zunächst eher überraschend anmutet. Digitalisierung spielt jedoch, wie in den Kapiteln 1.4.2 und 2.3 geschildert, in der Buchbranche eine wachsende Rolle, was sich in eigenen Messebereichen und Veranstaltungen zu digitalen Technologien und deren AnbieterInnen widerspiegelt.

Auf der Bologna Children's Book Fair etwa gibt es seit einigen Jahren eine eigene Halle, in der DigitalanbieterInnen sich und ihre Produkte (z.B. Augmented Reality Books, digitale Audiostifte, Kinderbuchapps, Lernsoftware) präsentieren. Auf einer Bühne inmitten dieser Halle, um die herum die Stände der AnbieterInnen gruppiert sind, dem so genannten „Digital Café", gibt es laufend Veranstaltungen zu Digitalthemen. In Frankfurt sind diverse größere Messebereiche der Digitalisierung gewidmet: An mehreren so genannten „Hot Spots" (z.B. Hot Spot Publishing Services, Hot Spot Education oder Hot Spot Digital Innovation) sind die Stände von Technologieunternehmen platziert, auch hier gibt es Bühnen mit spezifischen Veranstaltungen. Der so genannte „Orbanism Space", 2016 als „offizieller Digitaltreffpunkt" bezeichnet, hat z.B. Podiumsgespräche mit YoutuberInnen im Programm, im Bereich der Kinder- und Jugendliteratur wird der Digi:Day abgehalten – ein Tag mit Präsentationen im Zeichen digitaler Kindermedien – sowie der TOMMI Kindersoftwarepreis vergeben. Auf 2.000 Quadratmetern findet innerhalb der Frankfurter Buchmesse zudem „The Arts+", eine Messe zu Digitalisierung im Kunst- und Kulturbereich, statt. Beim Schlendern durch die Messehallen begegnet man auch AusstellerInnen wie dem deutschen Fachverband für Virtual Reality oder Google mit seinem „Cultural Institute", das virtuelle Museumstouren bietet.

Auch große Player aus dem Film- und Fernsehgeschäft sind auf den Messen anzutreffen. In Bologna fallen diesbezüglich vor allem Filmstudios wie Warner Bros. oder Pixar auf, für Frankfurt charakteristisch sind die Bühnen von TV-Sendern, auf denen von früh bis spät moderiertes Programm geboten wird. Besonders weitläufige Dimensionen nimmt der Messeauftritt der ARD ein; der Sender gestaltet das komplette Erdgeschoß einer Messehalle mit seiner TV-Bühne, einer Hörspielbox, einem Kinoraum und verschiedenen anderen Elementen. Bühnen kleineren oder größeren Ausmaßes gibt es in Frankfurt aber auch von anderen TV-Sendern, von Radiostationen oder in Kooperation verschiedener Medienbetriebe (das „Blaue Sofa" beispielsweise wird von Bertelsmann, ZDF und Deutschlandfunk Kultur gemeinsam betrieben) (Das Blaue Sofa o.J.).

Aus der Selbstdeklaration der MesseveranstalterInnen sowohl in Frankfurt als auch in Bologna geht hervor, dass ein wesentliches Ziel für die nächsten Jahre darin besteht, sich als Content- bzw. Medienmesse zu etablieren (Feldnotizen FBM2016 und BCBF2016). Die Grenzen zwischen Büchern und anderen Medien verschwimmen in Zeiten der Konvergenz; in erster Linie geht es um attraktiven Content, die Arten seiner Aufbereitung – als Buch, als Film, als Game, etc. – verfließen vor dem Hintergrund von cross- und transmedialen Verwertungsmöglichkeiten (zu Konvergenz und Transmedialität siehe z.B. Jenkins' (2006) „Convergence Culture").

Teilweise stehen die AkteurInnen dieser branchenexternen Welten auf der Messe mit AkteurInnen der Buchbranche in Verbindung, insofern als sich ihre Praktiken auf der Messe aufeinander beziehen. Das ist zum Beispiel der Fall, wenn neue Geschäftsmodelle unter Einbeziehung von Digitaltechnologie vorgestellt werden, Lizenzgeschäfte über die Branchengrenzen hinaus angebahnt werden, Technologieunternehmen sich als DienstleisterInnen für Verlage, AutorInnen oder IllustratorInnen präsentieren oder auf TV-Bühnen Promotion für AutorInnen betrieben wird.

Teilweise stehen die verschiedenen Branchen allerdings auch ohne wahrnehmbare Berührungspunkte, als getrennte Welten, nebeneinander. Besonders die Digitalwelten auf den Messen machen häufig einen stark in sich geschlossenen Eindruck. So finden sich auf der Frankfurter Buchmesse z.B. auch Installationen, bei denen Verkehrsdaten aus einer App mittels Wachsdruck auf eine Leinwand übertragen werden, Produktpräsentationen, in denen neue Action Cams vorgestellt werden, SchülerInnenworkshops, in denen Roboter gebaut werden, Kurzvorträge von YouTuberInnen, deren Vlogs nicht das Geringste mit Büchern zu tun haben, Präsentationen von educational games, in denen das Lernen mit Büchern sogar explizit abgewertet wird, oder die bereits erwähnte Kreativ- und Digitalkonferenz The Arts+, deren Veranstaltungen nur zum Teil der Verbindung von Digital- und Buchbranche gewidmet sind. Zwar beinhaltet ein FachbesucherInnenticket für die Buchmesse auch das Konferenzticket für The Arts+, Letzteres ist allerdings auch separat erwerbbar, auch insofern ist The Arts+ von der Buchmesse entkoppelt (Feldnotizen FBM 2016).

3.3.3.3 Identität in Vielfalt?

Buchmessen vereinen auf einer stärker abstrahierten Ebene betrachtet also geschäftliche Welten, künstlerisch-kreative Welten wie auch kulturell-politische Welten miteinander. Letztere sind alles andere als einheitlich und sorgen mitunter für Zündstoff, wie die Kontroversen um die Präsenz rechter Verlage auf der Frankfurter Buchmesse 2017 gezeigt haben. Nicht zuletzt findet sich die moderne, virtuelle Welt der Digitalisierung auf den Buchmessen genauso wie die klassische Welt des physischen Buchs. In Frankfurt ist diese z.b. durch die Ausstellungsbereiche der Stiftung Buchkunst rund um „das schöne Buch" repräsentiert, wo die ästhetischen Aspekte der Herstellung gedruckter Bücher im Zentrum stehen. In Bologna fällt die große Vielzahl detailreich ausgestalteter Pop Up Bücher an Verlagsständen aus diversen Ländern der Welt auf, die mit neuen Digitalformaten wie Augmented Reality Books, Buchapps oder Audiostiften koexistiert (Feldnotizen FBM 2017; Feldnotizen BCBF 2016).

Eine Absicht der Projekte, die diesem Buch zugrunde liegen, war immer auch herauszufinden, inwieweit auf den Buchmessen eine „kognitive Basis" („cognitive base", DiMaggio/Powell 1983: 152) der Branche hergestellt bzw. bestätigt wird. Gemeint ist damit eine Branchenidentität, die sich darauf bezieht, wie der Handel mit dem kulturellen Gut Buch vorgenommen wird, welche Praktiken, Strategien und Entscheidungen als legitim und erfolgsversprechend gelten. Eine einheitliche kognitive Basis im Sinne eines deckungsgleichen, vollständig geteilten Selbstverständnisses der Buchbranche gibt es den zuvor geschilderten Beobachtungen entsprechend kaum, was sich auch in den Interviews zum Projekt abzeichnet.

Zum einen bringt die Vielfalt von AkteurInnen der Buchbranche eine Vielfalt von – einander auch widersprechenden –Interessen und Ansichten mit sich, die eine gemeinsame Identität – wer sind wir, wo wollen wir hin, was ist erstrebenswert – unmöglich machen, argumentiert eine Verlegerin (Interview A, Zeilen 794 – 808). Zum anderen haben sich laut der Einschätzung eines Branchenexperten traditionelle Grundpfeiler eines gemeinsamen Selbstverständnisses in jüngerer Vergangenheit zusehends aufgelöst. Ihm fällt rückblickend auf, „dass es früher wirklich so etwas wie ein sehr stark stilisiertes Gemeinschaftsgefühl gab, an das immer wieder appelliert wurde, [...] das Buch und die kulturellen Werte des Buches. [...] Kultur und Österreich-Subvention und so weiter. Mittlerweile aber ist das eigentlich eine sehr dünne Haut, unter der sich sehr voneinander abgespaltene Kompartiments gebildet haben, die miteinander nichts mehr oder sehr, sehr wenig zu tun haben." (Interview E, Zeilen 332 – 342) Als eine der besonders spürbaren Trennlinien nennt er Self-Publishing, „der neueste Bereich, der Selbstverleger-Bereich, mit dem tun sich die gewachsenen Buchmessen auch sehr, sehr schwer." (ebd.)

Völlig unterschiedliche Einstellungen je nach Verlag und Person gibt es auch zu neuen digitalen Technologien im Buchbereich. Während diese auf den Messen zunehmend Platz und Prominenz eingeräumt bekommen und manche Verlage ihr Sortiment um digitale Produkte erweitern bzw. digitale Tools in verschiedenen Stufen der Wertschöpfungskette verwenden (z.B. in der Akquise, Herstellung, Distribution und Marktforschung), stehen andere der Digitalisierung skeptisch gegenüber. Das Spektrum der skeptischen Einstellungen erstreckt sich von dem Empfinden, digitale Geschäftsmodelle im jeweiligen Verlag nicht zu benötigen, um erfolgreich zu sein (Interview F in Feldnotizen BCBF 2016), bis hin zur grundsätzlichen und tiefgehenden Ablehnung (Interview C, Zeilen 1.654 – 1.664). Moeran (2012: 119) bezeichnet Buchmessen anschließend an Appadurai (1986: 21) als „tournament of values", einen Wettkampf der Werte:

> „Values are the very stuff of fairs. A book fair, therefore, is a tournament of values, rather than a tournament of value, since there is no single value held by all the participants with their multiple trajectories at the FBF, LBF or any other book (or other trade) fair." (Moeran 2012: 119)

Diese Koexistenz und Konkurrenz unterschiedlichster Werte war auch bei den Feldforschungsaufenthalten auf der Frankfurter Buchmesse und der Bologna Children's Book Fair spürbar.

4 Ausblick: Buchwirtschaft in Zeiten der Coronakrise

Ursprünglich war an dieser Stelle geplant, basierend auf den Erkenntnissen der Hauptkapitel einen Ausblick zu formulieren, welche Trends sich für die Buchbranche in den nächsten Jahren abzeichnen. Dann jedoch kam die Coronakrise und mit ihr eine weltweite Zäsur. Vieles, das zuvor relativ eindeutig oder sicher schien, ist infolgedessen infragegestellt. Wie stark wird die allseits prognostizierte und bereits spürbare wirtschaftliche Rezession ausfallen und wie wird sie die Buchbranche prägen? Wie wird sich diese Krise, von der weltweit alle betroffen sind – alte Eliten wie „emerging markets" (siehe Kapitel 2.1) – regional auswirken? Wo werden Effekte global ähnlich sein, wo werden regionale Unterschiede verstärkt oder neu hervorgebracht werden? Kapitel 2.1 präsentierte Rankings von internationalen Buchmärkten nach Marktwerten oder Umsatzdaten – inwieweit werden sich nicht nur die Zahlen an sich, sondern eventuell auch die Stärkeverhältnisse angesichts der Lage einer globalen Wirtschaftskrise verändern? China etwa hatte sich binnen weniger Jahre in einem Prozess des explosionsartigen Wachstums zum weltweit zweitstärksten Buchmarkt entwickelt. Die Wirtschaft dieses Landes, das als Erstes von der Coronakrise erfasst wurde, war zunächst deutlich getroffen; ihre Erholung ging bis in die zweite Maihälfte 2020 „langsamer [...] als erhofft" (Heide 2020) vonstatten. Bald darauf allerdings entspannte sich die Lage in China so weit, dass der Internationale Währungsfonds der chinesischen Wirtschaft die im globalen Vergleich optimistischsten Prognosen ausstellte. Die wirtschaftlichen Aussichten für die USA, bislang der stärkste Buchmarkt der Welt, und andere große Buchmärkte wie Großbritannien, Frankreich und Spanien wurden gleichzeitig als kritisch eingestuft (Industriemagazin 2020). Wie sich die Buchbranche in den nächsten Jahren weiter entwickeln und wie es den AkteurInnen dieser Branche ergehen wird, ist neben verschiedenen Einflussfaktoren maßgeblich auch vom Verlauf der Coronakrise abhängig und schwer vorherzusehen.

Als die drei Hauptkapitel des vorliegenden Buches entstanden, hätte niemand geahnt, dass in naher Zukunft eine globale Pandemie Millionen von Erkrankten und hunderttausende Tote hervorbringen würde. Es hätte sich niemand vorstellen können, dass wir in eine Situation geraten, in der es unabwendbar ist das gesellschaftliche und wirtschaftliche Leben auf ein Minimum herunterzufahren, um Leben zu retten, eine Überlastung des

4 Ausblick: Buchwirtschaft in Zeiten der Coronakrise

Gesundheitssystems zu verhindern und ein Mindestmaß an Kontrolle über ein Virus zu erreichen, gegen das es – zumindest zunächst, für ungewisse Zeit – weder Medikament noch Impfung gibt. Das Verfassen des Schlusskapitels fällt in die Phase der schrittweisen Öffnungen nach dem Shutdown in Europa, in der wir schon einiges über das Virus und seine Auswirkungen wissen. Das ermöglicht einen kurzen rückblickenden Lagebericht zur Buchbranche am Höhepunkt der Coronakrise. Gleichzeitig handelt es sich aber um eine Phase, die noch von sehr viel Unsicherheit geprägt ist: Wie werden sich die vorgenommenen Lockerungen auswirken? Werden die Erkrankungszahlen dadurch wieder stark ansteigen? Wird der Herbst eine zweite Welle der Pandemie bringen? Prognosen für die kurz- und mittelfristige Zukunft sind aus heutiger Perspektive kaum zu treffen. Ein Kennzeichen der Corona-Pandemie ist, dass sich die Gegebenheiten immer wieder rasch wandeln können, dass immer nur für kurze Zeiträume geplant werden kann und Pläne, abhängig von der Entwicklung, angepasst oder eventuell auch revidiert werden müssen.

Das Schlusskapitel mit seinem Ausblick entsteht also im Bewusstsein, dass sich bis zum Erscheinen dieses Buches hinsichtlich der Corona-Situation vieles wieder verändert haben kann. Dennoch erfordert die genannte Zäsur, das Thema Corona mitzubedenken und die krisenbedingt veränderte Situation der Buchbranche zumindest kurz darzustellen, so weit es möglich ist.

Nahezu alle Wirtschaftszweige wurden hart von der Coronakrise getroffen. Für die Buchbranche dürfte erschwerend hinzukommen, dass sie schon zuvor über weite Strecken eine Branche in Bedrängnis war, wie sich auch in den drei Hauptkapiteln dieser Monografie immer wieder zeigte. Die sinkende Verweildauer neuer Titel auf dem Markt, Umsatzrückgänge, der Existenzkampf vieler kleiner Verlage, aber auch wirtschaftliche Probleme großer Player, wie es in der Schweiz aufgrund des „Frankenschocks" der Fall war, und nicht zuletzt der Verzicht auf vormals übliche Empfänge und Partys auf den Messen illustrieren dies. Das Jahr 2019 hatte eigentlich eine teilweise Erholung für die Branche gebracht: So vermeldete der Börsenverein des Deutschen Buchhandels für 2019 ein Umsatzplus von 1,4 % (Börsenblatt 2020a), der Hauptverband des Österreichischen Buchhandels analog dazu ein Plus von 1,6 % und sprach sogar optimistisch von einer „Trendwende zum Positiven" (Hauptverband des Österreichischen Buchhandels 2020a). Was eventuell der Beginn eines leichten Trends nach oben hätte sein können, wurde nun durch die Coronakrise zunichte gemacht. Die coronabedingten Verluste am österreichischen Buchmarkt wurden Mitte April 2020 vom Hauptverband folgendermaßen beziffert:

„Berücksichtigt man alle Verkaufskanäle, sowohl den stationären Buchhandel wie auch Nebenmärkte (Tankstellen, Elektro- und Drogeriemärkte, LEH[39]) und den kompletten E-Commerce/Online-Bereich beträgt der Umsatzverlust -24,3 % im Vergleich März/20 mit März/19. Betrachtet man nur den stationären Handel, liegt dort der Einbruch sogar bei -41,4 %." (Hauptverband des Österreichischen Buchhandels 2020b)

Das Börsenblatt beschreibt anhand von Media Control Erhebungen, dass der deutsche Buchhandel im April 2020 verglichen zum Vorjahresmonat die Hälfte seines Umsatzes eingebüßt hat. Besonders angespannt ist die Situation auch hier im stationären Buchhandel, wo nur 30% des Umsatzes aus dem Vorjahresmonat erzielt werden konnten (Schulte 2020a). Wie die Zahlen zeigen, können der Verkauf in vom Shutdown unberührten Bereichen des Nebenmarktes (Stichwort Supermärkte), die Online- und Offline-Lieferung von Büchern und der Verkauf von E-Books unter Betrachtung der gesamten Buchbranche zwar einen Teil der Umsatzverluste abpuffern, aber eben nur einen Teil.

Auch anfängliche Buchhamsterkäufe, die in den Tagen vor dem Shutdown stattfanden, können die Verluste nicht kompensieren (Schulte 2020b). Die angesprochenen Umsatzrückgänge ziehen sich als Trend durch alle Warengruppen der Buchbranche, wobei manche stärker und manche schwächer betroffen sind. Während etwa die Sparte der Kinder- und Jugendliteratur die geringsten Verluste verzeichnete und im deutschen Internethandel sogar ein leichtes Umsatzplus erzielen konnte, kam es im Bereich der Reiseliteratur zu besonders massiven Umsatzeinbrüchen (ebd.; Schulte 2020a; Hauptverband des Österreichischen Buchhandels 2020b).

Ambivalente Auswirkungen entfaltete Amazons Entscheidung zugunsten anderer Warengruppen wie Lebensmittel und Haushaltsprodukte die Lieferung von Büchern zurückzustellen: Amazon nahm den Verlagen keine neuen Bücher mehr ab, und wurden noch vorhandene Bücher von KundInnen bestellt, waren lange Wartezeiten bei der Auslieferung die Folge. Für lokale Buchhandlungen bedeutete diese Situation oft Glück im Unglück. Viele BuchhändlerInnen stellten rasch und flexibel auf Lieferbetrieb um. KundInnen bestellten z.B. per Telefon oder per E-Mail, und die BuchhändlerInnen lieferten aus – brachten die Buchpakete zur Post, oder lieferten sie mit dem Auto oder mit dem Fahrrad bis vor die Haustür der

---

39 LEH ist ein Kürzel für den Lebensmitteleinzelhandel (siehe z.B. Jeschke 2020).

KundInnen. Mitunter fanden sich auch Freiwillige, z.B. Studierende, welche die Buchhandlungen beim Ausliefern unterstützten. Manche BuchhändlerInnen gewannen sogar neue KundInnen, die von Amazon enttäuscht oder von den Lieferideen und dem Engagement der lokalen BuchhändlerInnen begeistert waren, und StammkundInnen bestellten aus Solidarität große Mengen (Deutsche Welle 2020; Schulte 2020b; Hauptverband des Österreichischen Buchhandels 2020b; Jürgs 2020; Deutschlandfunk Kultur 2020). Die neuen Verhältnisse im Buchhandel – die Trägheit des Riesen Amazon und die Schnelligkeit der kleinen Buchhandlungen – wecken in manchen auch die Hoffnung auf Einstellungsveränderungen in der Zukunft, dass lokale Buchhandlungen mehr Wertschätzung erfahren und die Sinnhaftigkeit mächtiger Marktriesen stärker hinterfragt wird (Jürgs 2020). Der Zuspruch der KundInnen zu den Lieferaktivitäten des klassischen Buchhandels konnte allerdings bei weitem nicht alle Umsatzentgänge wettmachen, überdurchschnittlich hoher Aufwand steht trotzdem relativ geringen Einnahmen gegenüber (ebd., Balke 2020). Besonders bitter ist Amazons Prioritätensetzung jedoch für die Verlage, die vorübergehend einen wesentlichen Vertriebskanal für ihre Bücher verloren haben (Deutsche Welle 2020).

Solange Veranstaltungen wie Buchpräsentationen oder Lesungen nicht abgehalten werden konnten, fielen auch wesentliche Marketingmöglichkeiten für Novitäten weg (Börsenblatt 2020b). Eine Lockerung der Veranstaltungsverbote ist während des Verfassens dieses Schlusskapitels gerade im Gange – in unterschiedlichem Rahmen und mit unterschiedlichen Bedingungen je nach Land bzw. etwa in Deutschland auch je nach Bundesland. Was bereits eine Lesung in einer lokalen Buchhandlung schwierig macht, trifft allerdings internationale Buchmessen angesichts ihrer Größendimension umso mehr. Das Coronavirus wird uns voraussichtlich begleiten, bis ein Impfstoff nicht nur gefunden wurde, sondern auch für Milliarden von Menschen hergestellt werden konnte. Es gibt optimistischere und pessimistischere Prognosen, wie lange dies dauern wird.

Handelsmessen sind die internationalen Knotenpunkte der jeweiligen Branche, an der Frankfurter Buchmesse nehmen ca. 280.000 BesucherInnen und ca. 7.500 AusstellerInnen aus insgesamt über 160 Ländern teil (Frankfurter Buchmesse 2018a: 4, 12). Die deutlich kleinere Bologna Children's Book Fair vereint als weltgrößte Kinderbuchmesse immerhin noch ca. 30.000 BesucherInnen und ca. 1.400 AusstellerInnen aus etwa 80 Ländern auf dem Messegelände (Bologna Fiere o.J.). Die Interviews, die wir im Rahmen der Projekte „Trading Cultures" und „Inside Trading Cultures" mit PraktikerInnen der Buchbranche führen konnten, zeigen die

Wichtigkeit der Buchmessen: Sie ermöglichen die physische Kopräsenz von AkteurInnen aus der ganzen Welt und erleichtern den internationalen Handel mit Büchern durch informelle Kontakte und zufällige Gesprächsgelegenheiten, die als nicht ersetzbar empfunden werden. Die Beziehungspflege, die auf den Buchmessen stattfindet, ist eine wichtige Basis für den Handel im restlichen Jahr und öffnet die Tür zu Kooperationsmöglichkeiten, weil man – wie eine Verlegerin es formulierte – auch außerhalb der Messezeit von anderen „mitgedacht" (Interview A, Zeile 326) wird. Überhaupt auf großen internationalen Messen repräsentiert zu sein, gilt gerade für kleine und mittlere Verlage als wichtiges Lebens- und Vitalitätszeichen, als ein Beleg dafür, ein „kreditfähiger" Geschäftspartner zu sein. Aber auch für große finanzkräftige Verlage spielen die – bei diesen oft gigantischen – Messestände eine beträchtliche Rolle für die Imagepflege. Darüber hinaus bieten Buchmessen wichtige Präsentations- und Vernetzungsmöglichkeiten für verschiedenste Berufsgruppen der Branche wie AutorInnen, IllustratorInnen oder ÜbersetzerInnen – vielfach FreiberuflerInnen, die schon zu „normalen" Zeiten oft in Prekarität gelebt haben, und die nun wirtschaftlich umso mehr von der Coronakrise getroffen wurden. Nicht zuletzt findet auf Publikumsmessen, aber auch an den Publikumstagen von Hybriden wie der Frankfurter Buchmesse LeserInnenmarketing statt.

Für Buchmessen stellt sich die Frage, wie eine Zukunft mit Corona aussehen kann. Schwer vorstellbar ist etwa, auf welche Weise und inwieweit angesichts der Masse von AusstellerInnen und BesucherInnen Sicherheitsabstände und Hygienevorkehrungen auf internationalen Buchmessen umgesetzt werden können. Bei unserer Feldforschung haben wir selbst erlebt, dass sich bereits an den Fachmessetagen Menschenmassen durch die Hallen der Frankfurter Buchmesse bewegen. Am Publikumswochenende wird der Andrang schließlich so groß, dass man zwischen den Hallen über weite Strecken kaum mehr vorwärts kommt. Für Wege am Gelände, die etwa am Messedonnerstag zehn Minuten in Anspruch nehmen, benötigt man am Messesamstag eher eine halbe Stunde. Oft bleibt nichts anderes übrig als auf eine Veranstaltung, die man als TeilnehmerIn gerne besucht hätte, zu verzichten, weil sie vom jeweiligen Standpunkt aus nicht mehr rechtzeitig erreicht werden kann. Selbst die weitläufige Agora ist am Publikumswochenende dicht gedrängt mit Menschen. Obwohl die Bologna Children's Book Fair kleiner dimensioniert ist als die Frankfurter Buchmesse, war dort zu erleben, wie sehr die Massen an BesucherInnen auch den öffentlichen Stadtverkehr beanspruchen. Die Busse sind brechend voll mit internationalen MesseteilnehmerInnen. Charakteristisch für die Busfahrt zum und vom Messegelände ist, dass die Fahrgäste buchstäblich Schulter an

Schulter und Rücken an Rücken stehen. Wer an einer Haltestelle zwischendurch zusteigt, erreicht meist nicht einmal mehr das kleine Gerät zum Entwerten der Tickets. Damit das Ticket einer neu zugestiegenen Person trotzdem entwertet werden kann, hat sich offenbar eingebürgert, dieses über vier, fünf oder sechs Hände weiterzugeben. Die Person, die gerade zufällig neben dem Gerät steht, entwertet dann das Ticket und gibt es über diverse Hände wieder zu seinem Besitzer/seiner Besitzerin zurück. Was im normalen Alltag manchmal sogar ein Schmunzeln hervorruft und schlimmstenfalls mühsam ist, wird in einem Corona-Alltag zum Risiko. Auch wenn Reisebeschränkungen und Veranstaltungsverbote wegfallen und große Events zumindest unter Auflagen wieder stattfinden dürfen, bleibt immer noch das Risiko trotz aller Vorkehrungen zum Corona-Hotspot zu werden, und sowohl eine menschliche Katastrophe als auch ein Imagedesaster zu generieren, das der jeweiligen Messe lange anhaften kann.

Während Frühjahrsmessen wie London Book Fair, Livre Paris, Bologna Children's Book Fair oder Leipziger Buchmesse im Jahr 2020 genau in die Phase des Ausbruchs von Corona in Europa gefallen wären und abgesagt wurden, hält die Frankfurter Buchmesse an ihrem Termin im Oktober 2020 fest[40]. Die TeilnehmerInnen aus der Branche sind in ihrem Meinungsbild gespalten, wobei beide Seiten mit Eigenschaften von Buchmessen argumentieren, die sich auch in unserer Forschung als prägend erwiesen haben. Die einen plädieren aus Kostengründen für eine frühzeitige Absage der Frankfurter Buchmesse. Für viele Verlage bedeute die Teilnahme an Messen ohnehin eine finanzielle Belastung, die umso schwerer ausfalle, wenn bereits getätigte Investionen wegen einer kurzfristigen Absage – etwa bedingt durch eine zweite Erkrankungswelle – ins Leere laufen. Offen sei zudem die Frage, inwieweit es im Herbst wieder internationale Reisefreiheit geben könne und für welche TeilnehmerInnen folglich überhaupt eine Anreise möglich sei (Börsenblatt 2020c). Andere betonen die existentielle Bedeutung der Kontakte und Gespräche, die durch Buchmessen ermöglicht werden. Den diesbezüglichen Schaden durch die zu frühzeitige Absage einer Messe, die eigentlich hätte stattfinden können, schätzen sie als weit schwerwiegender ein als die Belastung durch schon getätigte Investionen oder Stornogebühren bei einer knappen Absage (Casimir 2020). Fest stand für die VeranstalterInnen der Frankfurter Buchmesse schon relativ früh, dass ein Stattfinden in der gewohnten Form nicht zu verantwor-

---

40 Stand: Mitte Juni 2020

ten ist, und deshalb alternative Wege gesucht werden müssen (Börsenblatt 2020c).

Diese könnten künftig verstärkt auch im digitalen Raum liegen. Die Bologna Children's Book Fair ging diesen Weg bereits im Frühjahr 2020, nachdem die für Ende März/Anfang April geplante physische Messe abgesagt werden musste. Obwohl Italien zu den Ländern zählt, die von der Coronakrise besonders hart getroffen wurden, schafften die OrganisatorInnen es ihre Kinderbuchmesse binnen eines Monats in den digitalen Raum zu verlagern. Von 4. bis 7. Mai wurde die Bologna Children's Book Fair virtuell veranstaltet. Kennzeichnende Elemente wie die IllustratorInnenausstellung oder die Wall of Illustrators – eine für die teilnehmenden IllustratorInnen wichtige Form der Selbstpräsentation gegenüber potentiellen AuftraggeberInnen – fanden online statt, es wurden Preisverleihungen, Konferenzen und Webinare abgehalten, und AusstellerInnen präsentierten sich digital. Auch die Bewältigung der Coronakrise durch die Verlage war ein explizites Thema, das im Rahmen einer einführenden Veranstaltung besprochen wurde. Im Zentrum der Messe stand eine digitale Plattform für den Rechte- und Lizenzhandel, „BCBF Global Rights Exchange", die vom US-amerikanischen Rechtehändler PubMatch.com betrieben wird. VerlegerInnen und AgentInnen hatten kostenfreien Zugang zu dieser Plattform, die auch über die Messe hinaus bis Ende des Jahres 2020 operieren soll (Bologna Children's Book Fair 2020a, b). Angedacht wird, die digitale Messe als Ergänzung zur traditionellen Messe in der Zukunft fortzuführen (Agenzia Nazionale Stampa Associata 2020).

Vereinzelt gab es auch vor Corona bereits Messen im virtuellen Raum, wie die eher publikumsorientierte OBM (Online-Buchmesse), die bereits seit 2018 jährlich abgehalten wird. Sowohl AutorInnen und BloggerInnen als auch Verlage und DienstleisterInnen können sich dort präsentieren und werden über ihre Social Media Auftritte in die Messe eingebunden. Es gibt eine Struktur mit virtuellen Ständen und Hallen, und die Navigation durch die Messe erfolgt mithilfe von Hashtags, wobei sowohl ein allgemeiner Messehashtag (z.B. #obm2019) als auch spezifische Hashtags genutzt werden, die beispielsweise das gezielte Aufsuchen einer bestimmten virtuellen Halle ermöglichen (Börsenblatt 2019; BuchMarkt 2019; Online-Buchmesse 2020). Auch die Einbindung neuer Technologien spielt eine Rolle: Ein physisches Programmheft mit Augmented Reality Erweiterungen als Eintrittspforte in die digitale Messe gab es bereits 2019 (BuchMarkt 2019), in der Zukunft soll die Online-Buchmesse auch mittels Virtual Reality begehbar gemacht werden (Börsenblatt 2019).

Auch die Frankfurter Buchmesse wird ihr Programm im Herbst 2020 ins Internet verlagern, allerdings nur teilweise. Geplant ist, wie Ende Mai 2020 bekanntgegeben wurde, eine „physische Messe mit einem digitalen Rahmenprogramm." (Börsenblatt 2020d) Die physisch stattfindenden Teile werden durch „Maßnahmen hinsichtlich Abstandsregeln, Besucherführung und Hygiene" (ebd.) begleitet. Es wird mit größeren Flächen und Gangbreiten gearbeitet, mit einer geringeren AusstellerInnenzahl, die sich voraussichtlich auch durch weiterhin geltende Reisebeschränkungen ergeben wird, und einer geringeren BesucherInnenzahl, die auf die belegte Fläche abgestimmt ist (ebd.; Börsenblatt 2020f). Darüber hinaus sollen neue Formate entwickelt werden, um die Selbstpräsentation, die Interaktion mit GeschäftspartnerInnen und die Information über Branchentrends auch digital zu ermöglichen (Börsenblatt 2020d). Erste Reaktionen von Verlagen sind ambivalent: Das virtuelle Veranstaltungskonzept wird begrüßt und Unterstützung diesbezüglich wird zugesagt. Viele aber möchten aus Sorge um die Gesundheit ihrer MitarbeiterInnen oder wegen anderer Bedenken nicht mit einem physischen Messestand vertreten sein (Börsenblatt 2020e). In einer Pressekonferenz kündigten die VeranstalterInnen an, dass digitale Formate, die nun entwickelt werden, auch langfristig beibehalten werden sollen. Der „Digitalisierungsprozess" sei durch die Coronakrise „beschleunigt" worden (Börsenblatt 2020f). Für den Rechtehandel waren digitale Angebote ergänzend bereits in den letzten Jahren zum Einsatz gekommen, wie in Kapitel 1.4.2 beschrieben.

Es wird sich zeigen, inwieweit virtuelle Messen künftig an Bedeutung gewinnen und inwieweit physische durch digitale Kopräsenz ersetzt – oder zumindest erweitert – werden kann. Digitalisierung und der Einsatz neuer Technologien zeichnen sich jedenfalls als ein Trend ab, der nicht nur in den letzten Jahren bereits verschiedene Bereiche der Buchbranche geprägt hat (siehe v.a. die Kapitel 1.4.2, 1.5, 2.3 und 3.3.3.2), sondern der sich infolge der Corona-Krise weiter ausdehnen und umso mehr Bereiche erfassen könnte.

Umso dringlicher ist angesichts der aktuellen Entwicklungen eine Verbesserung der Datenlage zu nationalen und globalen Buchmärkten. Diese Monografie nahm einen systematischen Überblick über die Buchverlagswirtschaft, auch im internationalen Vergleich, vor. Dabei wurden an vielen Stellen Datenlücken und methodische Probleme erkennbar. Wichtige Schritte für die Zukunft sind das Schließen von Lücken, aber auch die Harmonisierung von Erhebungsweisen sowie von Definitionen, wie in der Einleitung zu Kapitel 2 genauer ausgeführt wird. Die Heterogenität der Begriffsverständnisse bei Datenerhebungen zur Branche erfasst sogar grundlegende Termini – etwa, was unter einem Buch oder einem Buchverlag zu verstehen ist. Zusätzlich gilt es methodische Ansätze zu entwickeln, um neue Trends wie Self-Publishing oder Digitalformate über das E-Book hinaus zu erfassen und die entsprechenden Größen trennscharf auszuweisen.

Literaturverzeichnis

3Sat (2015): Auf Sparkurs - Diogenes-Verlag sagt Buchmessen-Auftritt ab, http://w ww.3sat.de/page/?source=/kulturzeit/themen/181350/index.html [26.09.2018].

Adamek, Katharina (2017): Generation E-Book? Eine theoretische und empirische Untersuchung zu den Einflüssen des E-Books auf den Buchmarkt sowie zum Buchnutzungsverhalten Studierender in Österreich. Masterthesis FH St. Pölten (Anmerkung: Der Anhang der Arbeit enthält eine anderweitig nicht verfügbare Liste des VLB mit Daten zu Verlagen).

Adamo, Gabriela (2007): 3. Six Case Studies on Literary Translation. Argentina. In: Allen, Esther (Hg.): To be translated or not to be. PEN/IRL report on the international situation of literary translation. Llull: Institut Ramon, 53–58.

Agenzia Nazionale Stampa Associata (2020): Al via Fiera del Libro per Ragazzi di Bologna virtuale. Dal 4 al 7 maggio su piattaforma aperta a tutti, https://www.an sa.it/emiliaromagna/notizie/2020/05/04/al-via-fiera-del-libro-per-ragazzi-di-bolog na-virtuale_89765a36-b1dc-4187-885c-c70227afb372.html [25.05.2020].

Aktionsbündnis für faire Verlage (2018): Das Aktionsbündnis für faire Verlage, http://www.aktionsbuendnis-faire-verlage.com/web/index.php?id=2 [12.02.2018].

Allen, Esther (2007): 1. Translation, Globalization, and English. In: Allen, Esther (Hg.): To be translated or not to be. PEN/IRL report on the international situation of literary translation. Llull: Institut Ramon, 17–33.

Allen, Esther/Škrabec, Simona (2007): 4. Experiences in Literary Translation. In: Allen, Esther (Hg.): To be translated or not to be. PEN/IRL report on the international situation of literary translation. Llull: Institut Ramon, 93–115.

Anderson, Porter (2017): In China: Bookselling Trends and OpenBook's Bestseller Lists for October. In: Publishing Perspectives (Online) vom 28.11.2017, https://p ublishingperspectives.com/2017/11/openbook-trajectory-china-bestseller-lists-oct ober-2017/ [24.05.2018].

Anderson, Porter (2018): The New York Rights Fair Changes the Rights Floorplan at BookExpo. In: Publishing Perspectives (Online) vom 22.05.2018, https://publi shingperspectives.com/2018/05/bookexpo-new-york-rights-fair-2018-preview/ [28.05.2020].

Andreotti, Mario (2018): BUCHBRANCHE: Eine Ära geht zu Ende: Luft wird dünn für Schweizer Buchverlage. In: St. Galler Tagblatt (Online) vom 13.05.2018, https://www.tagblatt.ch/kultur/buchbranche-eine-aera-geht-zu-ende-luft-wird-duenn-fuer-schweizer-buchverlage-ld.1019937 [28.05.2020].

Appadurai, Arjun (1986): Introduction: commodities and the politics of value. In: Appadurai, Arjun (Hg.): The social life of things. Commodities in cultural perspective. Cambridge: Cambridge University Press, 3–63, https://is.muni.cz/el/14 23/jaro2017/SAN106/AppaduraiEdTheSocialLifeOfThings.pdf [28.05.2020].

Assion, Anja (2011): Verlagstypen: Verlag ist nicht gleich Verlag, https://www.tele medicus.info/article/1941-Verlagstypen-Verlag-ist-nicht-gleich-Verlag.html [28.05.2020].

Auster, Paul (2007): Foreword. In: Allen, Esther (Hg.): To be translated or not to be. PEN/IRL report on the international situation of literary translation. Llull: Institut Ramon, 7.

Author Earnings (2015): September 2015 Author Earnings Report, http://authorear nings.com/report/september-2015-author-earnings-report/ [17.05.2018].

AVA (2017): AVA Verlagsauslieferungs AG, http://www.ava.ch/cgi-bin/ava64_web. exe/showpublic?page=ava_textseite.html&session_id=B668D40C-B6A2-432C-91 D1-381146932565&text_id=150&newsearch=true [08.11.2018].

AZERTAC (2009): 1ST BAKU INTERNATIONAL BOOK FAIR TO BE HELD, https://azertag.az/en/xeber/1ST_BAKU_INTERNATIONAL_BOOK_FAIR_TO_ BE_HELD-584500 [21.11.2018].

Balke, Florian (2020): Buchhandel in der Corona-Krise: Noch mal davongekommen. In: FAZ (Online) vom 21.04.2020, https://www.faz.net/1.6734220 [28.05.2020].

Bazán Babczonek, Joanna (2014): Global Publishing and Reading Statistics, https:// www.internationalpublishers.org/images/annual-reports/2015_online_statistics. pdf [26.05.2020].

Bertelsmann (o.J.): Das Unternehmen und seine Bereiche - Bertelsmann SE & Co. KGaA, https://www.bertelsmann.de/bereiche/ [15.06.2018].

Bologna Children's Book Fair (2016): Directory/Catalog 2016 (Anmerkung: Verzeichnis/Katalog zur Buchmesse, für TeilnehmerInnen auf der Buchmesse erwerbbar).

Bologna Children's Book Fair (2018a): L'appuntamento leader della comunità editoriale per bambini e ragazzi, http://www.bolognachildrensbookfair.com/home/ 878.html [21.11.2018].

Bologna Children's Book Fair (2018b): China Shanghai International Children's Book Fair, http://www.bolognachildrensbookfair.com/en/the-fair/the-new-bolog na-childrens-book-fair-event-network/china-shanghai-international-childrens-bo ok-fair/8147.html [22.11.2018].

Bologna Children's Book Fair (2018c): In Altre Parole - Concorso di traduzione IX edizione, http://www.bolognachildrensbookfair.com/focus-on/centro-traduttori/ in-altre-parole-concorso-di-traduzione-ix-edizione/1081.html [11.12.2018].

Bologna Children's Book Fair (2018d): I Premi 2019, http://www.bolognachildrens bookfair.com/home/878.html [11.12.2018].

Bologna Children's Book Fair (2020a): BCBF GLOBAL RIGHTS EXCHANGE, http://www.bolognachildrensbookfair.com [25.05.2020].

Bologna Children's Book Fair (2020b): BCBF2020 ONLINE SPECIAL EDITION, http://www.bolognachildrensbookfair.com [25.05.2020].

Bologna Fiere (o.J.): Bologna Children's Book Fair, http://www.bolognachildrensb ookfair.com [12.05.2020].

Börsenblatt (2009): Aktionen/Prominente Autoren unterstützen Fairlag-Initiative gegen unseriöse Verlagspraktiken, In: Börsenblatt (Online) vom 24.04.2009, https://www.boersenblatt.net/artikel-aktionen.317936.html [25.01.2018].

Börsenblatt (2016): Frankfurter Buchmesse/Diogenes stellt wieder aus. In: Börsenblatt (Online) vom 08.02.2016, https://www.boersenblatt.net/artikel-frankfurter_buchmesse.1096910.html [27.05.2020].

Börsenblatt (2018): Hintergrund des Sondergutachtens/Stellungnahme des Börsenvereins/Monopolkommission will Buchpreisbindung abschaffen. In: Börsenblatt (Online) vom 29.05.2018, https://www.boersenblatt.net/artikel-hintergrund_des_sondergutachtens___stellungnahme_des_boersenvereins.1474127.html [27.05.2020].

Börsenblatt (2019): Die Sonntagsfrage/„Wie funktioniert die Online-Buchmesse, Frau Schmidt?". In: Börsenblatt (Online) vom 13.10.2019, https://www.boersenblatt.net/2019-10-13-artikel-_wie_funktioniert_die_online-buchmesse__frau_schmidt__-die_sonntagsfrage_.1741499.html [27.05.2020].

Börsenblatt (2020a): Buchmarkt 2019 mit Umsatzplus/„Relevanz des Buches ungebrochen". In: Börsenblatt (Online) vom 09.01.2020, https://www.boersenblatt.net/2020-01-09-artikel-_relevanz_des_buches_ungebrochen_-buchmarkt_2019_mit_umsatzplus.1789900.html [07.05.2020].

Börsenblatt (2020b): Stationäres Sortiment: Umsatzeinbruch von über 80 Prozent/Corona-Bilanz für den österreichischen Buchmarkt. In: Börsenblatt (Online) vom 14.04.2020, https://www.boersenblatt.net/2020-04-14-artikel-corona-bilanz_fuer_den_oesterreichischen_buchmarkt-stationaeres_sortiment__umsatzeinbruch_von_ueber_80_prozent.1847892.html [07.05.2020].

Börsenblatt (2020c): Verleger fordern eine rasche Entscheidung/Druck auf Frankfurter Buchmesse wächst. In: Börsenblatt (Online) vom 28.04.2020, https://www.boersenblatt.net/2020-04-28-artikel-druck_auf_frankfurter_buchmesse_waechst-verleger_fordern_eine_rasche_entscheidung.1855444.html [25.05.2020].

Börsenblatt (2020d): Frankfurter Buchmesse 2020 soll stattfinden - physisch und virtuell. In: Börsenblatt (Online) vom 27.05.2020, https://www.boersenblatt.net/2020-05-27-artikel-frankfurter_buchmesse_2020_soll_stattfinden_-_physisch_und_virtuell_-hessische_landesregierung_gibt_gruenes_licht.1871209.html [08.06.2020].

Börsenblatt (2020e): Umfrage in der Branche. Frankfurter Buchmesse 2020: Was die Verlage tun. In: Börsenblatt (Online) vom 29.05.2020, https://www.boersenblatt.net/2020-05-29-artikel-frankfurter_buchmesse_2020__was_die_verlage_tun-umfrage_in_der_branche.1872426.html [08.06.2020].

Börsenblatt (2020f): Pressegespräch zur Frankfurter Buchmesse. Die Frankfurter Buchmesse 2020 - eine „Sonderedition". In: Börsenblatt (Online) vom 28.05.2020, https://www.boersenblatt.net/2020-05-28-artikel-die_frankfurter_buchmesse_2020_-_eine__sonderedition_-pressegespraech_zur_frankfurter_buchmesse.1871801.html [08.06.2020].

Börsenverein des Deutschen Buchhandels (2016): Mediendossier: Verlage 2016, http://www.boersenverein.de/de/1377234 [02.10.2018].

Börsenverein des Deutschen Buchhandels (2018): Book meets Film. Verlage präsentieren Bücher zum Verfilmen!, http://www.boersenverein-bayern.de/de/portal/Book_meets_Film/410532 [07.11.2018].

Börsenverein des Deutschen Buchhandels/Frankfurter Buchmesse (2017): Buch und Buchhandel in Zahlen 2017 (für 2016), https://www.buchmesse.de/images/fbm/dokumente-ua-pdfs/2017/buchmarkt_deutschland_2016_63426.pdf [18.05.2018].

Börsenverein des Deutschen Buchhandels (o.J.a): Verlagstypen, http://www.boersenverein.de/de/293237 [12.02.2018].

Börsenverein des Deutschen Buchhandels (o.J.b): Lektorat & Redaktion, http://www.boersenverein.de/de/portal/Lektorat_und_Redaktion/171544 [30.01.2018].

Börsenverein des Deutschen Buchhandels (o.J.c): Herstellung & Kalkulation, http://www.boersenverein.de/de/158446/Herstellung/181220 [31.01.2018].

Börsenverein des Deutschen Buchhandels (o.J.d): Marketing & Vertrieb, http://www.boersenverein.de/de/158446/Marketing_und_Vertrieb/171541 [31.01.2018].

Börsenverein des Deutschen Buchhandels (o.J.e): Verlagsvertreter, http://www.boersenverein.de/de/portal/glossar/293317?glossar=V&wort=293377 [31.01.2018].

Börsenverein des Deutschen Buchhandels (o.J.f): Fachwissen Verlage, http://www.boersenverein.de/de/portal/Fachwissen_Verlage_/181154 [31.01.2018].

Börsenverein des Deutschen Buchhandels (o.J.g): Presse & Öffentlichkeitsarbeit, http://www.boersenverein.de/de/158446/Presse/181221 [31.01.2018].

Börsenverein des Deutschen Buchhandels (o.J.h): Was ist ein Hauptrecht, was ein Nebenrecht?, http://www.boersenverein.de/de/293149 [07.02.2018].

Börsenverein des Deutschen Buchhandels (o.J.i): Lexikon Verlagskunde, http://www.boersenverein.de/de/portal/glossar/293317?_nav=&glossar=V&wort=293376 [07.02.2018].

Börsenverein des Deutschen Buchhandels (o.J.j): ABC des Zwischenbuchhandels - Österreich, http://www.boersenverein.de/de/portal/glossar/174393?glossar=O&wort=220837 [10.10.2018].

Börsenverein des Deutschen Buchhandels (o.J.k): ABC des Zwischenbuchhandels - Schweiz, http://www.boersenverein.de/de/portal/glossar/174393?glossar=S&wort=220869 [08.11.2018].

Börsenverein des Deutschen Buchhandels (o.J.l): Lexikon Verlagskunde. Backlist, http://www.boersenverein.de/de/portal/glossar/293317?glossar=B&wort=293321 [08.02.2018].

Börsenverein des Deutschen Buchhandels (o.J.m): Preisbindung, http://www.boersenverein.de/de/portal/Preisbindung/158315 [12.11.2018].

Börsenverein des Deutschen Buchhandels (o.J.n): Lexikon Verlagskunde. Modernes Antiquariat, http://www.boersenverein.de/de/portal/glossar/293317?_nav=&glossar=M&wort=293347 [08.02.2018].

Börsenverein des Deutschen Buchhandels (o.J.o): Bestsellerlisten, http://www.boersenverein.de/de/158283 [08.02.2018].

Börsenverein des Deutschen Buchhandels (o.J.p): Buchpreisbindungen und Mehrwertsteuersätze in Europa, https://www.boersenverein.de/sixcms/media.php/976/Buchpreisbindung%20Fago.pdf [08.02.2018].

Börsenverein des Deutschen Buchhandels (o.J.q): Der Börsenverein des Deutschen Buchhandels e.V., http://www.boersenverein.de/de/portal/Boersenverein/158389 [12.11.2018].

Börsenverein des Deutschen Buchhandels (o.J.r): Die Mitgliederzahlen, http://www.boersenverein.de/de/portal/Mitgliederzahlen/447102 [12.11.2018].

Börsenverein des Deutschen Buchhandels (o.J.s): Interessengruppen, http://www.boersenverein.de/de/portal/Interessengruppen/1041721 [12.11.2018].

Börsenverein des Deutschen Buchhandels (o.J.t): Aktuelle Positionen des Börsenvereins, http://www.boersenverein.de/de/portal/Positionen/1345120 [12.11.2018].

Börsenverein des Deutschen Buchhandels (o.J.u): Sozialwerk des Deutschen Buchhandels, http://www.boersenverein.de/de/portal/Sozialwerk/158233 [12.11.2018].

Börsenverein des Deutschen Buchhandels (o.J.v): Internationale Verbände, http://www.boersenverein.de/de/200153 [14.11.2018].

Börsenverein des Deutschen Buchhandels (o.J.w): Der Friedenspreis des Deutschen Buchhandels, http://www.friedenspreis-des-deutschen-buchhandels.de/445652/ [11.12.2018].

BuchMarkt (2016): GfK Entertainment zum Stand der Marktforschung: Diskussion um Daten muss geführt und nicht blockiert werden. In: BuchMarkt. Das Ideenmagazin für den Buchhandel (Online) vom 15.03.2016, https://www.buchmarkt.de/archiv/gfk-entertainment-zum-stand-der-marktforschung-diskussion-um-daten-muss-gefuhrt-und-nicht-blockiert-werden/ [11.12.2018].

BuchMarkt (2019): Virtuelle Buchmessen haben ein großes Potenzial für die Zukunft. In: BuchMarkt. Das Ideenmagazin für den Buchhandel (Online) vom 25.08.2019, https://www.buchmarkt.de/menschen/virtuelle-buchmessen-haben-ein-grosses-potenzial-fuer-die-zukunft/ [27.05.2020].

BuchQuartier (2018): BuchQuartier/Der Markt der Independent- und Kleinverlage, http://www.buchquartier.com/ [14.12.2018].

Buchreport (2009): JAHRESBESTSELLERLISTEN VON BUCHREPORT. Höhenflug von Holtzbrinck. In: Buchreport (Online) vom 05.01.2009, https://www.buchreport.de/2009/01/05/hoehenflug-von-holtzbrinck/ [14.06.2018].

Buchreport (2015): Tigerbooks startet die Verlagsinitiative „Superbuch". Mit Augmented Reality die Backlist pushen. In: Buchreport (Online) vom 29.09.2015, https://www.buchreport.de/2015/09/29/mit-augmented-reality-die-backlist-pushen-2/ [08.02.2018].

Buchreport (2017a): Bücher im Casting bei „Book meets Film". In: Buchreport (Online) vom 28.06.2017, https://www.buchreport.de/2017/06/28/buecher-im-casting/ [07.11.2018].

Buchreport (2017b): Reader Analytics. „Mit Jellybooks lernen Verlage und Autoren die Leser kennen". Interview mit Andrew Rhomberg. In: Buchreport (Online) vom 06.11.2017, https://www.buchreport.de/2017/11/06/leser-machen-unglaubli ch-gerne-mit-bei-jellybooks/ [02.06.2020].

Buchreport (2018a): Ranking der zwanzig größten Verlage in Deutschland nach ihrem Umsatz im Jahr 2017 (in Millionen Euro), https://de.statista.com/statistik/ daten/studie/157647/umfrage/die-zehn-groessten-verlage-in-deutschland-nach-u msatz-im-jahr-2009/ [13.12.2018].

Buchreport (2018b): Ranking der zwanzig größten Belletristik- und Sachbuchverlage in Deutschland nach Umsatz im Jahr 2017 (in Millionen Euro), https://de.stat ista.com/statistik/daten/studie/183328/umfrage/die-groessten-verlage-in-deutschl and-nach-umsatz/ [13.12.2018].

Buchreport (2018c): Ranking der Verlage mit den meisten Platzierungen auf der Belletristik-Bestsellerliste (Hardcover) in Deutschland im Jahr 2017, https://de.st atista.com/statistik/daten/studie/377791/umfrage/verlage-mit-den-meisten-titelnauf-der-belletristik-bestsellerliste/ [14.12.2018].

Buchreport (2018d): Ranking der Verlage mit den meisten Platzierungen auf der Sachbuch-Bestsellerliste in Deutschland im Jahr 2017, https://de.statista.com/stat istik/daten/studie/377816/umfrage/verlage-mit-den-meisten-titeln-auf-der-sachbu ch-bestsellerliste/ [14.12.2018].

Buchreport (2018e): Ranking der Verlagsgruppen mit den meisten Platzierungen auf den Bestsellerlisten in Deutschland im Jahr 2017, https://de.statista.com/stati stik/daten/studie/169741/umfrage/top-5-verlage-nach-platzierungen-auf-der-bests ellerliste/ [14.12.2018].

Buchreport (2018f): Internationale Bestsellerlisten. In: Buchreport (Online), https:/ /www.buchreport.de/spiegel-bestseller/internationale-bestseller/ [12.12.2018].

Buchreport (2018g): Preisträger auf der Frankfurter Buchmesse 2018. In: Buchreport (Online) vom 15.10.2018, https://www.buchreport.de/2018/10/15/preistraeg er-auf-der-buchmesse-2018/ [12.12.2018].

Buchzentrum (2018): Über uns, https://www.buchzentrum.ch/buchzentrum/about [08.11.2018].

Casimir, Torsten (2020): Das Ringen um die Frankfurter Buchmesse 2020/Stand oder nicht Stand? In: Börsenblatt (Online) vom 16.05.2020, https://www.boerse nblatt.net/2020-05-19-artikel-stand_oder_nicht_stand_-das_ringen_um_die_fran kfurter_buchmesse_2020.1864892.html [25.05.2020].

Cavina, Luciana (2017): Fiera del Libro, stop ai bambini. In: Corriere di Bologna (Online) vom 27.02.2017, http://corrieredibologna.corriere.it/bologna/notizie/cu ltura/2017/22-febbraio-2017/fiera-libro-stop-bambini-2401306444136.shtml [09.11.2018].

China Shanghai International Children's Book Fair (2018): Overview/China Shanghai International Children's Book Fair, http://ccbookfair.com/en/index/cc bf/overview [22.11.2018].

Cornils, Annika (2010): Das Buch als Kultur-und Wirtschaftsgut. Eine exemplarische Analyse europäischer Buchmärkte. In: KODIKAS/CODE. Ars Semeiotica. Nr. 3–4, Jg. 33, 247–271.

Das Blaue Sofa (o.J.): Über uns, http://www.das-blaue-sofa.de/ [11.12.2018].

DerStandard (2017): Porsche-Enkel übernimmt den Residenz-Verlag. In: DerStandard (Online) vom 16.05.2017, https://derstandard.at/2000019263123/Porsche-E nkel-uebernimmt-den-Residenz-Verlag [13.12.2018].

DerStandard (2018): Wiener Buchgroßhändler Franz Hain pleite. In: DerStandard (Online) vom 19.06.2018, https://derstandard.at/2000081843514/Wiener-Buch-G rosshaendler-Franz-Hain-pleite [09.10.2018].

Deutsche Welle (2020): Corona: Das Buch in der Krise, https://www.dw.com/de/co rona-das-buch-in-der-krise/a-53199042 [08.05.2020].

Deutsch-Französisches Jugendwerk (2018): Georges-Arthur-Goldschmidt-Programm, https://www.dfjw.org/programme-aus-und-fortbildungen/programme-g eorges-arthur-goldschmidt.html [04.09.2018].

Deutschlandfunk/Deutschlandfunk Kultur (2017): Radio live! Deutschlandfunk und Deutschlandfunk Kultur auf der Frankfurter Buchmesse 2017 (Programmbroschüre zum Messeauftritt, auf der Buchmesse erhalten).

Deutschlandfunk Kultur (2020): Entwicklung bei Verlagen und im Buchhandel – Umsatz-Einbruch durch Corona, https://www.deutschlandfunkkultur.de/entwic klung-bei-verlagen-und-im-buchhandel-umsatz-einbruch.1270.de.html?dram:arti cle_id=475041 [11.05.2020].

DiMaggio, Paul/Powell, Walter W. (1983): The Iron Cage Revisited: Institutional Isomorphism and Collective Rationality in Organizational Fields. In: American Sociological Review. Nr. 2, Jg. 48, 147–160.

Ebel, Martin (2010): Schweizer Verlage brauchen deutsche Leser. In: Basler Zeitung (Online) vom 23.04.2010, https://bazonline.ch/kultur/buecher/Schweizer-V erlage-brauchen-deutsche-Leser-/story/31754885 [28.05.2020].

European and International Booksellers Federation (2015): TTIP Negotiations Will Not Include Fixed Book Prices: Börsenverein Welcomes Official Confirmation from EU Commission, http://www.europeanbooksellers.eu/ttip-negotiations-wil l-not-include-fixed-book-prices-borsenverein-welcomes-official-confirmation-fro m-eu-commission/ [12.02.2018].

European and International Booksellers Federation (2018a): B.A.s in Europe, http:/ /www.europeanbooksellers.eu/about-us/b-a-s-in-europe/ [14.11.2018].

European and International Booksellers Federation (2018b): B.A.s out of Europe, http://www.europeanbooksellers.eu/about-us/b-a-s-out-of-europe/ [14.11.2018].

Eurostat (2008): NACE Rev. 2. Statistical classification of economic activities in the European Community, https://ec.europa.eu/eurostat/documents/3859598/59025 21/KS-RA-07-015-EN.PDF [14.05.2020].

Expodatabase.de (o.J.): Messen, Messetermine, Fachmessen international, Messenews, Messedienstleister, https://www.expodatabase.de/de/picks/10-wichtige-buc hmessen-weltweit [13.03.2020].

Eyre, Charlotte (2018): Children's book fair to launch in Beijing. In: The Bookseller (Online) vom 26.03.2018, https://www.thebookseller.com/news/beijing-op ens-children-s-book-fair-755596 [02.06.2020].

Federation of European Publishers (2017): The Book Sector in Europe: Facts and Figures, https://fep-fee.eu/The-Federation-of-European-844 [12.12.2018].

Federation of European Publishers (o.J.): Members, https://fep-fee.eu/-Members- [14.11.2018].

Feria Internacional del Libro de Guadalajara (2018): Guadalajara International Book Fair, https://www.fil.com.mx/ingles/i_info/i_info_fil.asp [21.11.2018].

Fidler, Harald (2018): Österreichs größte Medienhäuser 2018: ORF, Red Bull, Mediaprint. In: DerStandard (Online) vom 11.07.2018, https://derstandard.at/20000 83104043/Oesterreichs-groesste-Medienhaeuser-2018-ORF-Red-Bull-Mediaprint [03.12.2018].

Frankfurter Buchmesse (2016): The Frankfurt Book Fair Business Club. BC Programme. 19-23 October 2016 (auf der Frankfurter Buchmesse erhalten).

Frankfurter Buchmesse (2017): Angebote und Preise 2017. Ein Überblick über die vielfältigen Angebote und Möglichkeiten in der Welthauptstadt der Ideen: Showroom/Schauraum. Vermarktung & Präsentation. Vernetzung & Knowhow, https://docplayer.org/33853889-Angebote-und-preise-2017.html [02.06.2020].

Frankfurter Buchmesse (2018a): Facts & Figures. Die Frankfurter Buchmesse 2018 in Zahlen, https://www.buchmesse.de/files/media/pdf/facts-und-figures-frankfur ter-buchmesse_0.pdf [02.06.2020].

Frankfurter Buchmesse (2018b): Frankfurter Buchmesse. Ideen, die die Welt bewegen, https://www.buchmesse.de/en [21.11.2018].

Frankfurter Buchmesse (o.J.a): Publishers Rights Corner, https://www.buchmesse.d e/ausstellen/gemeinschaftsausstellungen/publishers-rights-corner [28.11.2018].

Frankfurter Buchmesse (o.J.b): Das Frankfurt Rights Meeting der Frankfurter Buchmesse, https://www.buchmesse.de/besuchen/fachbesucher/konferenzen/fra nkfurt-rights-meeting [28.11.2018].

Frankfurter Buchmesse (o.J.c): The Business Club: inspiration, content and contacts, https://www.buchmesse.de/en/visit/trade-visitors/business-ticket [29.11.2018].

French Book News (2018): GRANTS, http://www.frenchbooknews.com/ [04.09.2018].

Geertz, Clifford (2003): Dichte Beschreibung. Beiträge zum Verstehen kultureller Systeme. Frankfurt am Main: Suhrkamp.

G&G (2018): Impressum/G&G Kinderbuchverlag, https://www.ggverlag.at/gg-verla g/impressum/ [07.11.2018].

Goethe-Institut (o.J.): The Path: The Story of a Flight to Freedom/New Books in German, http://www.new-books-in-german.com/path-story-flight-freedom [04.09.2018].

Greco, Albert/Milliot, Jim/Wharton, Robert (2014): The Book Publishing Industry, New York/London: Routledge, 3. Aufl.

Haarmann, Harald (2011): Geschichte der Schrift. München: C. H. Beck, 4. Aufl.

Hachette Book Group (2017): Company History. The Hachette Book Group – Two Centuries in the Making, https://www.hachettebookgroup.com/company-histor y/ [02.06.2020].

Handelsblatt (2014): Ende 2015 ist Schluss: Bertelsmann gibt seinen Buchclub auf, http://www.handelsblatt.com/unternehmen/it-medien/ende-2015-ist-schluss-bert elsmann-gibt-seinen-buchclub-auf/10059414.html [08.02.2018].

Hauck, Stefan (2016): Streit um Marktforschung/Der Zwei-Sekunden-Handschlag von München. In: Börsenblatt (Online) vom 21.01.2016, https://www.boersenbl att.net/artikel-streit_um_marktforschung.1087209.html [02.06.2020].

Haupt, Johannes (2016): [Update] Zahnloser Tiger: Buchpreisbindung für eBooks tritt in Kraft. https://www.lesen.net/ebook-news/zahnloser-tiger-buchpreisbindu ng-fuer-ebooks-beschlossen-24925/ [02.06.2020].

Hauptverband des Österreichischen Buchhandels (2016): Book meets Game, http:// www.buecher.at/book-meets-game/ [07.11.2018].

Hauptverband des Österreichischen Buchhandels (2019): Ausgleichsfond von Zeit-fracht für kleinere Verlage, http://www.buecher.at/ausgleichsfond-von-zeitfracht -fuer-kleinere-verlage/ [02.06.2020].

Hauptverband des Österreichischen Buchhandels (2020a): Buchmarkt 2019: Trend-wende zum Positiven, http://www.buecher.at/buchmarkt-2020-trendwende-zum -positiven/ [07.05.2020].

Hauptverband des Österreichischen Buchhandels (2020b): Erste Corona-Bilanz für den Buchmarkt, http://www.buecher.at/erste-corona-bilanz-fuer-den-buchmarkt/ [07.05.2020].

Hauptverband des Österreichischen Buchhandels (o.J.a): Bestsellerliste, http://www .buecher.at/bestsellerliste/ [12.11.2018].

Hauptverband des Österreichischen Buchhandels (o.J.b): ORF-Bestenliste, http://w ww.buecher.at/orf-bestenliste/ [12.11.2018].

Hauptverband des Österreichischen Buchhandels (o.J.c): Der Hauptverband des Österreichischen Buchhandels, http://www.buecher.at/der-hauptverband/ [12.11.2018].

Hauptverband des Österreichischen Buchhandels (o.J.d): Organigramm, http://ww w.buecher.at/organigramm/ [12.11.2018].

Hauptverband des Österreichischen Buchhandels (o.J.e): Mitglied werden, http://w ww.buecher.at/mitglied-werden-2/ [12.11.2018].

Hauptverband des Österreichischen Buchhandels (o.J.f): anzeiger, http://www.buec her.at/anzeiger/ [14.11.2018].

Hauptverband des Österreichischen Buchhandels (o.J.g): Messen & Internationales, http://www.buecher.at/service/messen/ [14.11.2018].

Heide, Diana (2020): Volkskongress: Chinas langer Weg zurück zur Normalität. In: Handelsblatt (Online) vom 21.05.2020, https://www.handelsblatt.com/politik/in ternational/volkskongress-chinas-langer-weg-zurueck-zur-normalitaet/25847710. html [02.06.2020].

Heinold, Ehrhardt F. (2017): 12 Trends für die Buchbranche. In: Buchreport (Online) vom 10.10.2017, https://www.buchreport.de/2017/10/10/12-messetrends-fu er-die-buchbranche/ [15.05.2018].

Heinold, Wolfgang Ehrhardt (2009): Bücher und Büchermacher, Frankfurt am Main: Bramann, 6. Aufl. (Edition Buchhandel. Band 17).

Huber, Verena (2012): Zur Typologisierung der aktuellen deutschen Verlagsland-schaft, Erlangen/Nürnberg: Universität Erlangen-Nürnberg (Alles Buch. Studien der Erlanger Buchwissenschaft. Band XLVI).

Hubschmid, Julia (2016): Verlage und die Verlagsindustrie in China - ein Über-blick, http://interculturecapital.de/verlage-und-die-verlagsindustrie-in-china-ein-ueberblick [02.06.2020].

Huemer, Kathrin (2010): Die Zukunft des Buchmarktes. Verlage und Buchhand-lungen im digitalen Zeitalter. Boizenburg: vwh.

Industriemagazin (2020): IWF: Chinas Wirtschaft leidet in der Coronakrise am we-nigsten. In: Industriemagazin (Online) vom 25.06.2020, https://industriemagazi n.at/a/iwf-chinas-wirtschaft-leidet-in-der-coronakrise-am-wenigsten [02.07.2020].

Institut für Medien- und Kommunikationspolitik (2017a): 16. Bertelsmann SE & Co. KGaA, https://www.mediadb.eu/datenbanken/internationale-medienkonzer ne/bertelsmann-se-co-kgaa.html [15.06.2018].

Institut für Medien- und Kommunikationspolitik (2017b): 30. Lagardère Media, https://www.mediadb.eu/datenbanken/internationale-medienkonzerne/lagarder e-media.html [21.09.2018].

International Publishers Association (2014): Global Fixed Book Price Report, https: //www.internationalpublishers.org/images/reports/2014/fixed-book-price-report-2014.pdf [02.06.2020].

International Publishers Association (2015): The Future of Book Fairs. An IPA Spe-cial Report, https://www.internationalpublishers.org/images/news/BookFairs.pd f [02.06.2020].

International Publishers Association (2016a): IPA International Publishers Associa-tion Annual Report 2015-2016, https://www.internationalpublishers.org/images/ reports/Annual_Report_2016/IPA_Annual_Report_2015-2016_interactive.pdf [02.06.2020].

International Publishers Association (2016b): IPA World Book Fair Report 2016, https://www.internationalpublishers.org/images/data-statistics/IPAWorldBookF airReport2016.pdf [02.06.2020].

International Publishers Association (2017): IPA Global Book Fair Report 2017, https://www.internationalpublishers.org/images/industry-news/2017/IPA_Globa l_Book_Fair_Report_2017.pdf [06.03.2018].

International Publishers Association/World Intellectual Property Organization (2016): The Global Publishing Industry in 2016. A Pilot Survey by the IPA and WIPO, https://www.wipo.int/edocs/pubdocs/en/wipo_ipa_pilotsurvey_2016.pdf [02.06.2020].

International Publishers Association (o.J.): IPA Members Map, https://www.intern ationalpublishers.org/about-ipa/ipa-membership/ipa-members [14.11.2018].

internationales literaturfestival berlin (o.J.): Liao Yiwu — internationales literatur-festival berlin, http://www.literaturfestival.com/archiv/teilnehmer/autoren/2013/liao-yiwu [25.05.2018].

Jenkins, Henry (2006): Convergence Culture: Where Old and New Media Collide. New York: NYU Press.

Jeschke, Mirko (2020): Die Lage im LEH: Maskenpflicht, Grill-Aktionen und fehlende Planbarkeit. In: RUNDSCHAU für den Lebensmittelhandel (Online) vom 07.05.2020, https://www.rundschau.de/artikel/die-lage-im-leh-maskenpflicht-grill-aktionen-und-fehlende-planbarkeit/ [07.05.2020].

Jürgs, Alexander (2020): Buchhändler über Corona: „Wir sind jetzt schneller als Amazon". In: FAZ (Online) vom 15.04.2020, https://www.faz.net/1.6725012 [07.05.2020].

Kein & Aber (2015): Kein & Aber auf der Frankfurter Buchmesse 2015, https://keinundaber.ch/de/menu/verlagsnotizen/kein/ [27.11.2018].

Klamet, Anna (2017): Make or Buy? A Qualitative Analysis of the Organisational Handling of Digital Innovations in the German Book Publishing Sector. In: Publishing Research Quarterly. Nr. 1, Jg. 33, 41–55.

Kovač, Miha/Phillips, Angus/Weel, Adriaan van der/Wischenbart, Rüdiger (2017): Book Statistics: What are they good for? In: Logos. Nr. 4, Jg. 28, 7–17.

Kovač, Miha/Wischenbart, Rüdiger (2009): End of the English (British?) Empire? Or Something Else? In: Publishing Research Quarterly. Nr. 2, Jg. 25, 118–127.

Kreutzer Fischer & Partner (2016): Buchpreisbindung reicht nicht mehr, http://www.kfp.at/DE/UeberUns/UpToDate/Buchhandel [08.02.2018].

Latour, Bruno (2005): Reassembling The Social. Oxford: Oxford University Press.

Läubli, Martina (2017): Ein Verlag sucht Geld und bietet Jaguarfahrten an. In: Neue Zürcher Zeitung (Online) vom 18.05.2017, https://www.nzz.ch/feuilleton/schweizer-verlage-und-buchhandel-ein-verlag-bittet-um-hilfe-ld.1294568 [12.12.2018].

Leipziger Buchmesse (2018): Startseite/Buchmesse – Messe für Leser, Autoren und Verlage, http://www.leipziger-buchmesse.de/index.html [21.11.2018].

Literarisches Colloquium Berlin (o.J.): Übersetzerförderung/Das Georges-Arthur Goldschmidt-Programm 2018 zu Gast im LCB, https://www.lcb.de/uebersetzer/goldschmidt/2018.htm [04.09.2018].

Literar-Mechana (o.J.): Über uns, https://www.literar.at/%C3%BCber-uns [12.12.2018].

Livre Paris (2018): The most popular book event in France – Salon Livre Paris, http://www.livreparis.com/en/ [21.11.2018].

London Book Fair (2018a): The London Book Fair 2019, http://www.londonbookfair.co.uk/ [21.11.2018].

London Book Fair (2018b): About - The London Book Fair, http://www.londonbookfair.co.uk/About/ [21.11.2018].

Lucius, Wulf D. von (2007): Verlagswirtschaft, Konstanz: UVK, 2. Aufl.

Lücke, Elisabeth (2013): Frankfurt am Main: Rundgänge durch die Geschichte. Erfurt: Sutton.

Maiping, Chen (2007): 3. Six Case Studies on Literary Translation. China. In: Allen, Esther (Hg.): To be translated or not to be. PEN/IRL report on the international situation of literary translation. Llull: Institut Ramon, 73–79.

Marcus, Leonard S. (2016): The Global/Local Book Publishing (R)evolution. In: Publishing Research Quarterly. Nr. 1, Jg. 32, 64–69.

Marjasch, Sonja (1946): Der amerikanische Bestseller. Sein Wesen und seine Verbreitung unter besonderer Berücksichtigung der Schweiz, Bern: Verlag A. Francke AG (Schweizer Anglistische Arbeiten. Band 17).

Massow, Martin (2012): Freiberufler Atlas. Schnell und erfolgreich selbständig werden. Berlin: Ullstein Taschenbuch.

Medienlogistik Pichler-ÖBZ GmbH & Co. KG (o.J.): Medienlogistik - Das österreichische Buchzentrum, http://www.medien-logistik.at/unternehmen/index.php [08.11.2018].

Mitter Verlag (2018): Verlag, http://www.mitterverlag.at/index.php?id=7 [03.10.2018].

Moeran, Brian (2012): The book fair as a tournament of values. In: Moeran, Brian/ Strandgaard Pedersen, Jesper (Hg.): Negotiating Values in the Creative Industries. Fairs, Festivals and Competitive Events. Cambridge: Cambridge University Press.

Monopolkommission (2018): Sondergutachten 80. Die Buchpreisbindung in einem sich ändernden Marktumfeld. Sondergutachten der Monopolkommission gemäß § 44 Abs. 1 Satz 4 GWB. Baden-Baden: Nomos.

Morawa (o.J.): Newsletter Archiv: Mohr Morawa (MOMO) mit Voll-Barsortiment ab 2016. Themenbereich: Mohr Morawa, http://www.morawa.com/index.asp?cid=375&itid=499 [09.10.2018].

Next Page Foundation (2014): Book Platform - Promotion of Literature in Translation: Ukraine, http://bookplatform.org/en/activities/1082-best-practices-report-on-promotion-of-translations.html [13.09.2018].

Nielsen (2016): Nielsen Book Research: 2015 In Review. The London Book Fair Quantum Conference April 2016, https://quantum.londonbookfair.co.uk/RXUK/RXUK_PDMC/documents/9928_Nielsen_Book_Research_In_Review_2015_The_London_Book_Fair_Quantum_Conference_2016_DIGITAL_FINAL.pdf?v=635995987941118341 [02.06.2020].

Nielsen (2018): Nielsen BookScan, http://www.nielsenbookscan.co.uk/controller.php?page=48 [03.10.2018].

Niemeier, Sabine (2001): Funktionen der Frankfurter Buchmesse im Wandel – von den Anfängen bis heute, Wiesbaden: Harrassowitz Verlag (Buchwissenschaftliche Beiträge aus dem Deutschen Bucharchiv München. Band 68).

NÖN (2015): Neues Zuhause für das Nilpferd. G&G übernimmt Kinderbuchprogramm von Residenz. In: NÖN (Online) vom 02.03.2015, https://www.noen.at/archiv/neues-zuhause-fuer-das-nilpferd-gg-uebernimmt-kinderbuchprogramm-von-residenz-4602663 [07.11.2018].

Online-Buchmesse (2020): Online-Buchmesse 2020, https://www.onlinebuchmesse. de/ [27.05.2020].

Patandersson (2016): Klever Verlag, https://booksinvienna.wordpress.com/2016/02/ 18/klever-verlag/ [02.06.2020].

Pauw, Bas (2007): 3. Six Case Studies on Literary Translation. The Netherlands. In: Allen, Esther (Hg.): To be translated or not to be. PEN/IRL report on the international situation of literary translation. Llull: Institut Ramon, 49–53.

Peng, Yuanzhen (2014): How Chinese Culture Goes to the World through Literary Translation. In: Journal of Language Teaching and Research. Nr. 2, Jg. 5, 343-347.

Piault, Fabrice (2016): Livres Hebdo's 2016 ranking of the world's leading publishers. In: Livres Hebdo Frankfurt Special 2016, 3–4.

Piault, Fabrice/Wischenbart, Rüdiger (2016): Focus on each publishing group. In: Livres Hebdo Frankfurt Special 2016, 5–11.

Presseabteilung Berlinale (2017): „Books at Berlinale": Zwölf neue, internationale Romane zum Verfilmen, https://www.berlinale.de/de/archiv/jahresarchive/2017/ 08_pressemitteilungen_2017/08_pressemitteilungen_2017detail_36180.html [07.11.2018].

Pressemitteilungen der Frankfurter Buchmesse (2017): Das Literary Agents & Scouts Centre (LitAg) der Frankfurter Buchmesse verzeichnet erneut Wachstum, http://www.buchmesse.de/fbmsite/de/fbm/presse/pressemitteilungen/0315 9/ [08.03.2018].

Pressemitteilungen der Frankfurter Buchmesse (2018): Call for entries: Global Illustration Award, https://www.buchmesse.de/presse/pressemitteilungen/2018-03 -27-call-for-entries-global-illustration-award [11.12.2018].

Prostka, Tim/Clement, Michel/Blömeke, Eva/Sambeth, Frank (2011): Einfluss neuer Technologien auf Angebot und Nachfrage im belletristischen Buchmarkt. In: Schmalenbachs Zeitschrift für betriebswirtschaftliche Forschung. Nr. 7, Jg. 63, 714–744.

Publishers Weekly (2015): Bologna Children's Book Fair Attendance Up in 2015. In: Publishers Weekly (Online) vom 07.04.2015, https://www.publishersweekly. com/pw/by-topic/childrens/childrens-industry-news/article/66132-bologna-childr en-s-book-fair-attendance-up-in-2015.html [28.11.2018].

Rautenberg, Ursula/Wetzel, Dirk (2001): Buch. Tübingen: Niemeyer (Grundlagen der Medienkommunikation. Band 11).

Redazione Il Libraio (2015): Le cose da sapere sulla Fiera del libro per ragazzi di Bologna (sempre più aperta al pubblico). In: Il Libraio (Online) vom 19.03.2015, https://www.illibraio.it/le-cose-da-sapere-sulla-fiera-del-libro-per-raga zzi-di-bologna-sempre-piu-aperta-al-pubblico-188903/ [28.11.2018].

Röhring, Hans-Helmut (2011): Wie ein Buch entsteht. Einführung in den modernen Buchverlag. Darmstadt: Primus Verlag, 9. Aufl.

São Paulo International Book Fair (o.J.): The reasons that brought thousands of people to the event, http://www.bienaldolivrosp.com.br [21.11.2018].

Schönstedt, Eduard/Breyer-Mayländer, Thomas (2010): Der Buchverlag. Geschichte, Aufbau, Wirtschaftsprinzipien, Kalkulation und Marketing, Stuttgart/ Weimar: J.B. Metzler, 3. Aufl.

Schulte, Christina (2020a): Lockdown-Exit: Umsatzentwicklung im Buchhandel nach der Wiedereröffnung/Jede Menge Nachholbedarf. In: Börsenblatt (Online) vom 07.05.2020, https://www.boersenblatt.net/2020-05-07-artikel-jede_menge_n achholbedarf-lockdown-exit__umsatzentwicklung_im_buchhandel_nach_der_ wiedereroeffnung.1859888.html [08.05.2020].

Schulte, Christina (2020b): Corona-Krise und Buchhandelsumsatz/Sortiment mit starkem Minus im März. In: Börsenblatt (Online) vom 09.04.2020, https://www. boersenblatt.net/2020-04-09-artikel-sortiment_mit_starkem_minus_im_maerz-c orona-krise_und_buchhandelsumsatz.1845629.html [08.05.2020].

Schumann, Matthias/Hess, Thomas/Hagenhoff, Svenja (2014): Grundfragen der Medienwirtschaft. Eine betriebswirtschaftliche Einführung. Berlin/Heidelberg: Springer.

Schweizer Buchhändler- und Verleger-Verband (o.J.a): Der SBVV, https://www.sbv v.ch/accordion/2/%C3%9Cber%20uns/Verband [14.11.2018].

Schweizer Buchhändler- und Verleger-Verband (o.J.b): Der SBVV auf internationalen Buchmessen, https://www.sbvv.ch/fairDetail/158/8/Frankfurter%20Buchmes se [14.11.2018].

Schweizerische Bundeskanzlei (2018): Mehrwertsteuersätze in der Schweiz, https:// www.ch.ch/de/mehrwertsteuersatz-schweiz/ [02.06.2020].

Sharjah Book Authority (2018a): EXHIBITORS, https://www.sibf.com/default [13.12.2018].

Sharjah Book Authority (2018b): SIBF/Translation Grant, https://www.sibf.com/en /Content/145 [13.12.2018].

Sharjah Book Authority (o.J.): Translation Grant. $300,000, http://www.sibf.com/c ontent/uploads/downloads/1_82c42fcb93fd4a9481bef0bb67ddb3.pdf [04.09.2018].

Skov, Lise (2006): The Role of Trade Fairs in the Global Fashion Business. In: Current Sociology. Nr. 5, Jg. 54, 764–783.

Statens kulturråd (2018): Göteborg Book Fair Fellowship program for translators and publishers - Kulturradet, http://www.kulturradet.se/swedishliterature/Grant s/Goteborg-Book-Fair/ [04.09.2018].

Stock, Riky (2007): 3. Six Case Studies on Literary Translation. Germany. In: Allen, Esther (Hg.): To be translated or not to be. PEN/IRL report on the international situation of literary translation. Llull: Institut Ramon, 63–73.

Strack, Julia (2017): Auf der Messe brennt noch Licht: im [sic!] Kein & Aber Tower – dem neuen Höhepunkt inmitten der Frankfurter Buchmesse vom 10. bis 15. Oktober 2017, https://keinundaber.ch/de/menu/verlagsnotizen/kein-aber-tower/ [27.11.2018].

The Astana Times (2016): 2016 Eurasian Book Fair Brings Together International Publishers, Authors and Readers, https://astanatimes.com/2016/11/2016-eurasian -book-fair-brings-together-international-publishers-authors-and-readers/ [19.12.2018].

The LBF Team (2016): About Us, https://londonbookandscreenweek.co.uk/about/ [21.11.2018].

ThreePercent (2018a): About, http://www.rochester.edu/College/translation/threep ercent/about/ [13.11.2018].

ThreePercent (2018b): Translation Database, http://www.rochester.edu/College/tra nslation/threepercent/translation-database/ [13.11.2018].

Unternehmensservice Portal/Bundesministerium für Finanzen (2017): Steuersätze der Umsatzsteuer, https://www.usp.gv.at/Portal.Node/usp/public/content/steuer n_und_finanzen/umsatzsteuer/hoehe/40772.html [02.06.2020].

VdÜ – die Literaturübersetzer (2017): Übersetzerbarke, http://literaturuebersetzer.d e/unser-verband/uebersetzerbarke/ [24.05.2018].

Verlagsgruppe Random House GmbH (o.J.): Die Geschichte. Über die Verlags- gruppe Random House, https://www.randomhouse.de/UEber-die-Verlagsgruppe -Random-House/Die-Geschichte/aid60988_12398.rhd [15.06.2018].

Vuichard, Florence (2016): Diogenes beweist, dass ein Verlag auch wachsen kann. In: Handelszeitung (Online) vom 02.05.2016, https://www.handelszeitung.ch/u nternehmen/diogenes-beweist-dass-ein-verlag-auch-wachsen-kann [02.06.2020].

Weidenholzer, Anna (2010): Kleine Verlage mit großen Büchern, http://www.econ omyaustria.at/leben/kleine-verlage-mit-grossen-buechern [02.06.2020].

Weidhaas, Peter (2003): Zur Geschichte der Frankfurter Buchmesse. Frankfurt am Main: Suhrkamp.

Wirtschaftskammer Österreich (2018): WKO STATISTIK Österreich. BUCH- UND MEDIENWIRTSCHAFT: BRANCHENDATEN: Stabsabteilung Statistik. Sep- tember 2018, http://wko.at/statistik/BranchenFV/B_708.pdf [12.12.2018].

Wirtz, Bernd W. (2016): Medien- und Internetmanagement. Wiesbaden: Springer Fachmedien, 9. Aufl.

Wischenbart, Rüdiger (2016): Global Publishing in 2015: A year of transformation. Findings and Insights from the Global Ranking of the Publishing Industry 2016, http://www.wischenbart.com/upload/Global-Ranking-2016_Analysis_final .pdf [02.06.2020].

Wischenbart, Rüdiger (2017a): The purpose of this report, and the agenda of BookMap. In: Wischenbart, Rüdiger/Bueno, Mariana/Carrenho, Carlo/Fleis- chhacker, Michaela Anna (Hg.): How Big Is Global Publishing? A bird's eye per- spective. Wien: Ruediger Wischenbart Content and Consulting, 6-7.

Wischenbart, Rüdiger (2017b): The Business of Books 2017: It's all about the con- sumers. White Paper, https://www.buchmesse.de/files/media/pdf/whitepaper-the -business-of-books-frankfurter-buchmesse.pdf [02.06.2020].

Wischenbart, Rüdiger (2018): Beyond the Book. Global Publishing Trends 2018: Digital Transformation Accelerates, http://beyondthebookcast.com/transcripts/g lobal-publishing-trends-2018/ [02.06.2020].

Wischenbart, Rüdiger/Bueno, Mariana/Carrenho, Carlo/Fleischhacker, Michaela Anna (2017) (Hg.): How Big Is Global Publishing? A bird's eye perspective. Wien: Ruediger Wischenbart Content and Consulting.

Wischenbart, Rüdiger/Kovač, Miha (2016): Diversity Report 2016. Trends and references in literary translations across Europe. Wien: Verein für kulturelle Transfers.

WKO Buch- & Medienwirtschaft (2014): Buchpreisbindung in Österreich gilt künftig auch für den Online-Handel und E-Books, https://www.wko.at/branchen/information-consulting/buch-medienwirtschaft/FV_Nov_14.pdf [02.06.2020].

XINHUANET (2015): Backgrounder: BookExpo America 2015, http://www.xinhuanet.com/english/2015-05/27/c_134272690.htm [22.11.2018].